개념어로 말해봐
(과학·지리)

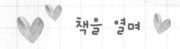

지식의 열매를 맺게 하는 개념어

자기가 읽은 책의 내용을 제대로 이해하려면 개념어의 의미를 알아야 합니다. 학교에서 우등생이 되려고 해도 마찬가지지요. 교과서에 나오는 개념어의 의미를 깨달아야 학업 능력이 높아지니까요. 요즘 들어 '문해력'이라는 말을 자주 듣게 됩니다. 단순히 글을 읽는 것에 그치지 않고 단어와 문장, 나아가 글 전체의 내용을 정확히 이해하는 능력을 가리키는 용어지요. 매일 접하는 정보의 양이 많아질수록 그 속뜻을 헤아릴 줄 아는 문해력이 뛰어나야 교양인이라고 할 만합니다. 그 첫걸음 역시 개념어 공부지요.

개념어는 '생각씨앗'이라고 할 수 있습니다. 그러니까 개념어가 생각의 싹을 틔우고, 생각을 무럭무럭 자라나게 하는 시작점이라는 말이지요. 생각의 씨앗이 튼실하지 않으면 이해력뿐만 아니라 상상력도 좋아지기 어렵습니다. 개념어를 폭넓게, 깊이 있게 익혀둬야 지식의 열매를 풍성하게 맺을 수 있습니다.

우리는 하루에도 숱한 개념어와 마주합니다. 학교 수업을 비롯해 뉴스를 듣거나 인터넷 검색 등을 똑바로 활용하려면 더욱 적극적으로 개념어의 세계에 발을 들여놓아야 합니다. 또 나중에 여러분이 중고등학교에 진학하면 지금 공부하는 여러 개념어가 학습 활동의 단단한 기초가 될 것이 틀림없습니다.

이 책 『개념어로 말해봐』 시리즈는 모두 5권으로 구성했습니다. 1권 정치 · 경제, 2권 사회 · 세계, 3권 문화 · 철학, 4권 과학 · 지리, 5권 역사 · 상식으로 분류했지요. 그리고 개별 항목마다 32가지 개념어를 다루어, 각 권에 64가지 개념어를 설명해놓았습니다. 5권을 더하면 개념어의 수가 총 320가지에 이르지요. 현대 사회는 워낙 다양한 정보가 넘쳐납니다. 하루가 멀다 하고 새로운 개념어가 생겨나기도 하지요. 그러므로 이 책에서 다룬 320가지 개념어부터 확실히 알아두면 앞으로 여러분이 독서하고, 토론하고, 공부하는 데 훌륭한 길잡이가 될 것이라고 믿습니다.

*4권에서는 [과학]와 [지리] 관련 개념어를 알아봅니다. 우리가 발 딛고 살아가는 지구와 까마득한 시간의 신비를 깨우치는 데 도움이 되는 내용입니다.

 생각씨앗을 전하며,
콘텐츠랩

[과학] 관련 개념어

책을 열며

[지리]관련 개념어

1

우등생이 공부하는
32가지 생각 씨앗

[과학]

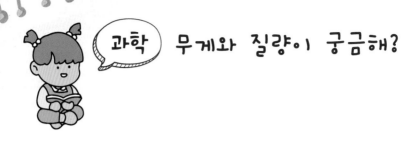

킬로그램중이거나 킬로그램이거나

우리가 종종 구별 없이 사용하는 '무게'와 '질량'은 의미가 전혀 다릅니다.

무게는 지구가 물체를 끌어당기는 힘의 크기를 말합니다. 즉 물체가 받는 중력을 측정한 양이지요. 무게를 나타낼 때는 힘의 크기 단위인 킬로그램중(kgf)이나 뉴턴(N)을 써야 합니다. 보통 "엄마의 몸무게는 60킬로그램이야."라고 하는데, "엄마의 몸무게는 60킬로그램중이야."라고 표현해야 더 정확하다는 것입니다. 킬로그램중은 킬로그램힘이라고도 하는데, 여기서 중과 힘은 중력의 크기를 뜻하지요.

질량은 물체를 이루는 물질의 양을 말합니다. 그것은 물체가 중력에 관계없이 갖는 고유한 양이지요. 예를 들어 몸무게 60킬로그램인 사람이 중력이 지구의 6분의 1밖에 안 되는 달에 가면 무게가 10킬로그램으로 줄어듭니다. 그러나 질량은 어디에서나 변함없지요. 물체를 쪼개거나 다른 물체를 더하지 않는다면 고유의 양은 절대 변하지 않습니다. 질량은 양팔저울 등을 이용해 양쪽을 비교하는 방식으로 측정하지요. 그램(g)이나 킬로그램(kg)이 바로 질량의 단위입니다.

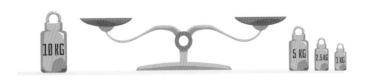

한 걸음 더 (1) 중력은 뭘까?

질량을 가진 물체들은 서로 잡아당기는 힘이 있습니다. 자연계의 모든 물체는 지구로부터 눈에 보이지 않는 힘을 받는데, 그것을 가리켜 '중력'이라고 합니다. 손에 들고 있던 공을 놓쳤을 때 바닥으로 떨어지는 이유가 지구의 중력 때문이지요. 중력은 기본적으로 끌어당기는 힘을 뜻하는 인력만 존재합니다. 물체의 질량이 클수록 중력도 커집니다.

한 걸음 더 (2) 킬로그램중과 뉴턴의 비교

무게 단위인 킬로그램중(kgf)은 힘의 크기를 나타내기도 합니다. 1킬로그램중은 질량 1킬로그램의 물체에 작용하는 지구 중력의 크기지요. 뉴턴(N) 역시 무게 단위이면서 힘의 단위입니다. 1뉴턴은 1킬로그램의 물체에 작용하여 매초마다 1미터의 가속도를 생기게 하는 힘을 말합니다. 1킬로그램중은 9.8뉴턴과 같지요. 그러므로 몸무게 60킬로그램중은 588뉴턴이라고 할 수 있습니다.

나의 생각메모

뉴턴의 운동 법칙이 궁금해?

위대한 과학자의 놀라운 발견

17~18세기에 활동한 아이작 뉴턴은 과학사에 매우 중요한 인물입니다. 알베르트 아인슈타인과 함께 최고의 과학자로 평가받지요. 여러 업적 중 물체의 운동에 관해 설명한 '뉴턴의 운동 법칙'은 400년이 지난 지금도 여전히 인정받고 있습니다.

뉴턴의 운동 법칙 가운데 첫 번째는 '관성의 법칙'입니다. 물체는 현재 지닌 운동의 특성에서 벗어나지 않으려 한다는 법칙이지요. 외부에서 힘이 가해지지 않는 한, 정지한 물체는 계속 멈춰 있고 운동하는 물체는 같은 속도로 직선 운동을 한다는 것입니다.

그리고 두 번째는 '가속도의 법칙'입니다. 점점 속도가 더해지는 가속도는 힘이 작용하는 방향으로 일어나며, 힘의 크기에 비례한다는 법칙이지요.

마지막으로 세 번째는 '작용반작용의 법칙'입니다. 크기가 같고 방향이 반대인 두 물체 사이의 힘에 관한 법칙으로, 예를 들어 ㉠이 ㉡에 힘(작용)을 가하면 ㉡도 ㉠에 크기는 같고 방향은 반대인 힘(반작용)을 가한다는 것입니다.

한 걸음 더 (1) 또 다른 업적, 만유인력의 법칙

앞서 질량을 가진 물체가 서로 끌어당기는 힘을 중력이라고 설명했습니다. 다른 용어로는 모든 물체에 그런 힘이 있다는 의미를 담아 '만유인력'이라고 하지요. 만유인력의 존재를 처음 발견한 사람이 아이작 뉴턴은 아닙니다. 하지만 그는 수학적 표현으로 개념을 완성해 '만유인력의 법칙'을 만들었지요. 그 내용은 '만유인력의 크기는 두 물체의 질량의 곱에 비례하며 두 물체 사이 거리의 제곱에 반비례한다.'라는 것입니다.

한 걸음 더 (2) 물체의 운동과 변화 등을 연구하는 물리학

뉴턴의 운동 법칙은 자연과학 분야 중 '물리학'에 속합니다. 물리학은 물질의 운동, 물질의 성질과 변화, 물질 간의 관계와 작용 등에 대해 연구하는 학문이지요. 화학, 생물학, 천문학과 함께 자연의 근본 원리를 탐구하는 주요 학문으로 손꼽힙니다. 물리학은 한자어로 '만물의 이치를 공부하는 학문'이라는 뜻을 담고 있지요.

나의 생각메모

○ --

○ --

○ --

○

힘이라고 다 같은 힘이 아니야

운동하는 물체를 변화시키는 것은 '힘'입니다. 물리학에서는 그 힘을 '마찰력', '탄성력', '부력' 등으로 구별합니다.

마찰력은 물체가 어떤 면이나 다른 물체에 맞닿은 채 움직이려는 것을 방해하는 힘입니다. 마찰력은 물체의 운동을 제어하는 힘이므로, 항상 물체의 운동 방향과 반대로 작용하지요. 마찰력은 물체의 무게가 무거울수록, 접촉면이 거칠수록 커집니다. 땅바닥에 공을 굴리면 서서히 멈추는 것도 마찰력 때문이지요.

탄성력은 외부에서 힘을 가해 모양이 변형된 물체가 원래의 형태로 되돌아가려는 힘입니다. 용수철을 길게 잡아당겼다가 놓으면 금세 처음의 모양을 회복하는 것을 예로 들 수 있습니다. 탄성력의 크기는 작용하는 힘의 크기와 같지요.

부력은 기체나 액체 속에 있는 물체를 중력의 반대 방향으로 밀어 올리는 힘입니다. 물체에 작용하는 부력이 중력보다 크면 떠오르게 되지요. 강물 위에 나무토막이 떠 있는 이유도 물체의 밀도보다 큰 부력이 작용하기 때문입니다.

힘의 3요소

힘은 물체의 운동 상태를 변화시키거나, 물체의 모양을 변하게 합니다. 그러한 힘의 작용을 제대로 이해하려면 '힘의 3요소'를 알아야 하지요. 그것은 '힘의 크기, 힘의 방향, 힘의 작용점'을 일컫습니다. 물체에 어느 만큼의 힘이 어느 방향으로 작용하는지에 따라 운동 상태와 형태가 달라지지요. 또한 물체의 특정 부분에 정확히 힘을 가하는 작용점도 큰 영향을 끼칩니다.

원심력과 구심력도 알아둬

원운동을 하고 있는 물체가 원의 중심에서 멀어져 바깥으로 나아가려는 힘을 '원심력'이라고 합니다. 원심력은 실재하는 힘이 아니고 관성에 따른 현상일 뿐이지요. 그와 반대로 원운동을 하는 물체가 원의 중심으로 향하려는 힘은 '구심력'이라고 합니다. 구심력은 실재하는 힘으로, 중력을 예로 들 수 있지요.

나의 생각메모

- -

- -

- -

열은 한자리에 가만있지 않아

열은 고정되어 있지 않습니다. 물체에서 다른 물체로 전달되거나 기체나 액체의 흐름을 따라 순환하지요. 그와 같은 열의 이동은 '전도', '대류', '복사'라는 3가지 방법으로 이루어집니다.

전도는 고체에서 일어나는 열의 전달로, 높은 온도 물체에서 낮은 온도 물체로 열이 흐르는 현상입니다. 이를테면 겨울철 공원 벤치에 앉았을 때 추위를 더 느끼는 것은 몸의 열에너지가 의자로 전도되기 때문이지요.

대류는 기체나 액체에서 발생하는 열의 전달 과정입니다. 기체나 액체를 가열하면 더운 기운은 위로 올라가고 차가운 기운은 아래로 내려오면서 열에너지가 점점 골고루 전달되어 전체적인 온도 변화가 일어나지요.

복사는 물체로부터 열이 방출되는 현상을 말합니다. 그 열에너지는 중간물질의 도움 없이 이동이 가능하지요. 예를 들어 태양과 지구를 직접 연결하는 물질이 없어도 태양열이 전해져 육지와 바다를 덥히는 식입니다.

한 걸음 더 (1) 에어컨과 온풍기의 원리

　에어컨과 온풍기는 대류 현상에 따라 설치 위치를 정합니다. 이미 설명했듯, 더운 공기는 위로 올라가고 차가운 공기는 아래로 내려오는 성질이 있지요. 그러므로 에어컨이 위쪽에 있으면 차가운 공기가 아래로 내려오면서 전체 냉방이 원활하게 이루어집니다. 그와 반대로 온풍기는 아래쪽에 설치해야 난방 기능이 효과적이지요.

한 걸음 더 (2) 물체끼리 열평형을 이룬다고?

　차가운 물을 담은 양동이에 불에 달군 돌멩이를 넣어두면 어떻게 될까요? 시간이 흐를수록 물의 온도는 높아지고 돌멩이의 온도는 낮아지겠지요. 그러다가 어느 순간부터 물과 돌멩이의 온도가 같아지게 됩니다. 그처럼 서로 온도가 다른 두 물체를 접촉시켰을 때 높은 온도의 물체에서 낮은 온도의 물체로 열이 전도되다가 더 이상 열 이동이 없는 상태를 '열평형'이라고 합니다.

나의 생각메모

전기를 이해하기 위한 기초 상식

우리 주변에는 수많은 전자기기가 있습니다. 전자기기는 전기로 작동하는데, 전기의 성질을 이해하려면 '전류'와 '전압' 그리고 '저항'의 개념을 먼저 알아야 하지요.

전류는 전기를 띤 입자, 즉 전하의 흐름을 말합니다. 전하는 전선을 따라 이동하지요. 전류의 세기는 1초 동안 전선의 한 단면을 통과하는 전하량으로 나타냅니다. 그것을 나타내는 국제 기준 단위는 암페어(A)입니다.

그런데 전류가 흐르려면 전압이 필요합니다. 전압은 전기 회로에 전류를 흐르게 하는 힘을 일컫지요. 물이 흐를 때 높이 차이에 따라 수압이 달라지듯 전기적 위치 에너지 차이로 전압이 달라집니다. 전압의 단위로는 볼트(V)를 사용하지요.

저항은 전류의 방향을 반대로 유도하거나 흐름 자체를 방해하는 힘을 말합니다. 전기 저항이 커지면 전류에 문제가 발생하지요. 전류는 전압에 비례하고 저항에 반비례하는 원칙이 있습니다. 저항의 단위는 옴(Ω)입니다.

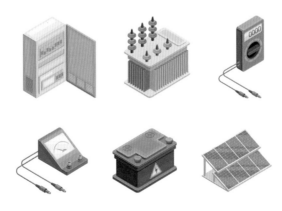

한 걸음 더 (1) 　 정전기에 대해 알고 싶어

　전기는 흐르는 물에 비유할 수 있습니다. 그런데 시간에 따라 분포가 변하지 않아 그냥 물체에 고인 것 같은 전기도 있지요. 그것을 '정전기'라고 합니다. 물체끼리 맞닿을 때 순간적으로 생기는 마찰 전기도 정전기지요. 정전기의 전압은 무려 수만 볼트에 달합니다. 하지만 전류는 거의 없어 사람에게 치명적이지 않지요. 워낙 짧은 시간 발생해 이렇다 할 피해를 입히지 않습니다.

한 걸음 더 (2) 　 도체와 부도체

　전기 전도율이 큰 물체를 '도체'라고 합니다. 전기 전도체의 줄임말로, 전기가 잘 흐르는 금속이 대표적인 예입니다. 그와 달리 전기를 거의 전달하지 않는 물체를 가리켜 '부도체'라고 합니다. 나무, 고무, 유리 등이 그렇습니다. 참고로 '반도체'도 있는데, 전기 전도율이 도체와 부도체의 중간 정도인 물체를 말합니다. 전기가 낮은 온도에서는 거의 통하지 않고 높은 온도에서 잘 통하지요.

나의 생각메모

과학 전자석이 궁금해?

전자제품을 작동시키는 중요한 원리

 모든 물질은 '자기장'을 일으키는 성질을 가졌습니다. 그 성질이 강한 자철석 같은 광물은 자석의 재료가 되지요. 자기장이란, 쇠붙이를 끌어당기거나 남북을 가리키는 등 자석의 작용이 미치는 공간을 일컫습니다.

 그런데 자석만 자기장을 갖는 것은 아닙니다. 전류가 흐를 때도 자기장이 형성되지요. 1820년 그 사실을 처음 알아낸 과학자는 덴마크 물리학자 한스 외르스테드였습니다. 그는 전선 옆에 놓아둔 나침반의 바늘이 전기가 흐를 때마다 회전하는 것을 발견했지요. 전류의 방향을 바꾸자 나침반의 바늘은 반대 방향으로 움직이기 시작했습니다.

 한스 외르스테드의 연구는 곧 '전자석'을 탄생시켰습니다. 그것은 전류가 흐를 때만 강력한 자석이 되고, 전류를 끊으면 자석의 성질을 잃었지요. 전자석은 산업 현장에서 폭넓게 활용되었습니다. 무거운 고철을 옮기는 폐차장 기중기부터 자기부상열차, 방화문, 각종 전자제품 등에 전자석의 원리가 적용됐지요.

한 걸음 더 (1)   전자석 만드는 방법

가장 간단한 형태의 전자석을 '솔레노이드'라고 합니다. 철심에 둥근 대롱 모양으로 코일을 연속해 감아 만들지요. 거기에 전류를 흘리면 자기장이 형성됩니다. 그냥 코일만 감지 않고 철심을 사용하는 이유는 그렇게 해야 더욱 강한 자기장을 일으키기 때문입니다. 솔레노이드 전자석은 코일을 더 감거나 전류의 강도를 세게 해 자석의 위력을 높일 수 있습니다.

한 걸음 더 (2)   한스 외르스테드와 앙드레 마리 앙페르

전류가 전선 주위로 자기장을 형성하는 것을 한스 외르스테드가 처음 알아냈다고 설명했습니다. 그 무렵 앙드레 마리 앙페르는 전기가 흐르는 2개의 전선이 전류의 방향에 따라 서로 잡아당기거나 밀어낼 수 있다는 사실을 밝혀냈지요. 두 사람은 각각 자신들의 연구 결과를 논문으로 발표해 학계의 주목을 받았습니다. 전류의 국제 기준 단위인 암페어(A)도 앙드레 마리 앙페르의 이름에서 딴 것이지요.

나의 생각메모

- ○
- ○
- ○
- ○

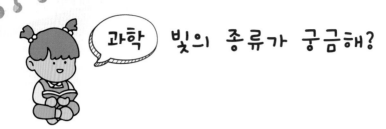

빛은 파동이면서 입자야

전기를 지닌 물체 주위의 공간을 '전기장'이라고 합니다. 그것은 전하를 띠는 물체에 전기의 힘을 미치지요. 그리고 앞서 이야기했듯 자석의 작용이 미치는 공간은 '자기장'이라고 합니다. 그와 같은 전기장과 자기장이 주기적으로 변화하면서 전달되는 파동을 '전자기파'라고 하지요. '빛'도 전자기파의 일종입니다.

빛이 전자기파라는 사실을 알아낸 인물은 물리학자 제임스 클라크 맥스웰입니다. 그 전에 아이작 뉴턴 같은 과학자들은 빛이 아주 작은 알갱이, 그러니까 입자로 이루어졌다고 믿었지요. 그 후 알베르트 아인슈타인이 등장하고 나서 비로소 빛은 파동의 성질과 함께 입자의 성질도 갖고 있는 것으로 밝혀졌습니다.

태양에서 오는 빛에는 몇 가지 종류가 있습니다. '가시광선, 적외선, 자외선, 엑스선, 감마선, 전기파' 등이 그것이지요. 빛은 사람의 눈을 자극해 물체를 볼 수 있게 합니다. 또한 빛은 공기 중에서 곧게 나아가며 물체에 부딪힐 경우 계속 직진하거나, 굴절하거나, 반사하는 성질을 보입니다.

한 걸음 더 (1) 빛의 종류에 관한 보충 설명

 사람이 눈으로 보는 것이 가능한 '가시광선'은 물체를 구별하게 합니다. 흔히 말하는 빨간색, 주황색, 노란색, 초록색, 파란색, 남색, 보라색 일곱 색깔 빛줄기를 일컫지요. 그리고 빨간색보다 파장이 긴 빛을 '적외선', 보라색보다 파장이 짧은 빛을 '자외선'이라고 합니다. 적외선과 자외선은 모두 눈에 보이지 않지요. 그럼에도 적외선은 온도가 가장 높고, 자외선은 강력한 에너지를 갖고 있습니다. 그 밖에 엑스선은 눈으로 볼 수 없는 물체의 내부를 찍는 사진에, 방사선의 하나인 감마선은 금속 내부의 결함이나 질병 치료에 이용합니다.

한 걸음 더 (2) 어마어마하게 빠른 빛의 속도

 세상에서 가장 빠른 물질은? 단연코 빛입니다. 빛은 진공 상태에서 1초당 30만 킬로미터를 나아갑니다. 1년으로 계산하면 약 9조4,670억 킬로미터에 달하지요. 그것이 바로 1광년으로, 주로 천체와 천체 사이의 거리를 나타내는 단위로 쓰입니다.

나의 생각메모

공포이기도 하고 희망이기도 하고

방사성 물질에서 나오는 입자나 전자기파를 '방사선'이라고 합니다. 방사성 물질은 불안정한 원자핵이 있어 그것이 붕괴될 때 엄청난 에너지의 입자나 전자기파를 방출하지요. 참고로, 지구상의 모든 물질은 원자로 이루어졌습니다. 그와 같은 원자의 중심부를 구성하는 것이 원자핵이지요.

방사선이 가진 강력한 에너지는 생명체의 세포를 망가뜨리거나 유전자 변형을 일으킵니다. 물질의 구조를 파괴할 수도 있고요. 앞서 빛에 관해 이야기하면서 감마선을 언급했는데, 그것이 방사선의 몇 가지 종류 중 하나입니다. 방사선은 크게 '알파선, 베타선, 감마선' 3가지로 구별하지요.

알파선은 가장 약한 방사선이라 사람의 피부나 종이 한 장에도 에너지가 차단됩니다. 그러나 생체 파괴력은 아주 세지요. 베타선은 속도가 매우 빠른 방사선이며, 물체 투과력은 알루미늄 판에 차단되는 수준입니다. 그리고 감마선은 물질 투과력이 무척 강해 두꺼운 납이나 콘크리트 벽이 있어야 에너지를 막을 수 있지요.

두 얼굴을 가진 방사선

생명체가 방사선에 지나치게 노출되면 큰 피해를 입습니다. 치명적인 질병에 걸리거나 화상을 입어 생명을 잃게 되지요. 하지만 방사선을 적절히 활용하면 생활의 편의를 높일 수도 있습니다. 실제로 의료기기인 엑스레이(X-ray)를 비롯해 컴퓨터단층촬영(CT), 양전자단층촬영(PET) 등에 방사선을 이용하지요. 암 치료에도 적극 쓰이고요. 또한 공항 검색, 비파괴 검사, 과일 품종 개량 등에도 널리 이용합니다.

방사선 연구의 선구자, 마리 퀴리

방사성 물질 연구와 원자력 시대를 개척한 과학자라면 가장 먼저 마리 퀴리를 손꼽아야 합니다. 일찍이 스승 앙리 베크렐이 방사선에 관심을 가졌지만, 그녀는 선구자의 자세로 연구에 몰두해 우라늄보다도 약 300만 배나 강한 방사선을 방출하는 라듐을 발견했지요. 그 업적으로 마리 퀴리는 1902년 노벨물리학상을 받았습니다. 그리고 계속 노력해 1911년에는 노벨화학상까지 수상했지요. 하지만 연구 중 반복적으로 방사선에 노출된 그녀는 백혈병에 걸려 세상을 떠나고 말았습니다.

나의 생각메모

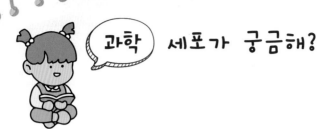

생명체를 존재하게 하는 신비

생물의 몸을 구성하는 기본 단위 조직을 '세포'라고 합니다. 생명체에 따라, 그리고 한 생명체의 각 기관에 따라 세포의 크기와 모양이 다르지요.

인간의 몸을 구성하는 세포도 매우 다양합니다. 우리 몸에는 뉴런이라고 불리는 신경 세포를 비롯해 정자와 난자 같은 생식 세포, 혈액 속의 적혈구와 백혈구 등 여러 종류의 세포가 있습니다. 그 수가 무려 30~40조 개에 달한다고 하지요.

생물의 세포는 매일 엄청난 수가 죽고, 또 엄청난 수가 새로 생겨납니다. 사람 몸의 경우 하나의 세포가 주로 2개로 나뉘어 분열하는데, 만약 오래된 세포가 죽어 사라지지 않고 계속 늘어나기만 한다면 신체가 성장을 멈추지 않겠지요.

세포는 보통 1개의 핵을 세포질이, 그것을 다시 세포막이 둘러싸고 있는 형태입니다. 핵 속에는 생명체의 특성을 결정짓는 유전 정보를 간직한 염색체가 들어 있지요. 또한 세포질 안에는 미토콘드리아, 리소좀, 골지체 등이 있습니다.

한 걸음 더 (1) 동물 세포와 식물 세포의 다른 점

현미경으로 세포를 관찰해 보면, 식물 세포의 구조가 동물 세포보다 복잡해 보입니다. 그 이유는 식물 세포가 동물 세포에 없는 것을 가졌기 때문이지요. '세포벽', '엽록체', '액포'가 그것입니다. 세포벽이 있어 식물의 줄기가 동물의 피부보다 단단하고, 엽록체가 있어 식물은 광합성을 통해 영양분을 얻지요. 아울러 노폐물을 저장하는 액포가 있으므로 동물처럼 배설 행위를 하지 않습니다.

한 걸음 더 (2) 단세포 생물과 다세포 생물

하나의 개체가 1개의 세포로 이루어진 생물을 '단세포 생물'이라고 합니다. 가장 단순한 구조의 생물로 아메바, 유글레나, 짚신벌레, 박테리아 등을 예로 들 수 있지요. 수십 억 년 전 지구상에 나타난 최초의 생명체가 단세포 생물이었습니다. '다세포 생물'은 인간처럼 하나의 개체가 분화된 많은 수의 세포로 이루어진 생물입니다. 세포들의 기능에 차이가 있어 여러 조직과 기관으로 진화했지요.

나의 생각메모

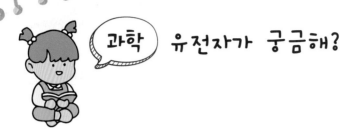

유전자가 궁금해?

자식이 부모를 닮는 까닭

 일부 바이러스를 제외한 모든 생물의 세포핵 속에는 '디엔에이(DNA)'가 있습니다. 디엔에이에 저장된 유전 정보를 '유전자'라고 하지요. 생명체는 유전자를 통해 자기가 가진 개체 정보를 다음 세대에 전달합니다. 부모가 자식에게 개성적 특성을 물려주는 현상인 유전이 바로 유전자에서 비롯되지요.

 디엔에이는 세포 안에서 가느다란 실 같은 염색사 형태로 존재합니다. 그리고 세포 분열 때 염색사가 몇 겹으로 꼬여 이중 나사 모양의 굵은 구조가 되는데 그것을 가리켜 '염색체'라고 하지요. 그러니까 염색체 안에 유전자가 저장되어 있다고 표현할 수도 있습니다.

 염색체는 생물의 종류에 따라 그 수가 일정한 유전자 집합체입니다. 예를 들어 사람의 염색체 수는 46개지요. 엄마의 난자와 아빠의 정자로부터 각각 23개의 염색체를 물려받습니다. 참고로 다른 생물의 염색체 수는 개 78개, 고양이 38개, 침팬지 48개, 오리 80개, 옥수수 20개, 수박 22개, 고사리 92개지요.

한 걸음 더 (1) 남성과 여성은 성염색체가 달라

염색체는 쌍으로 구성됩니다. 그러므로 인간은 23쌍의 염색체를 가졌다고 말할 수 있지요. 과학자들은 각 염색체에 1번부터 23번까지 번호를 붙였는데, 1~22번 염색체를 '상염색체'라고 하며 마지막 23번째 염색체를 '성염색체'라고 합니다. 여성의 성염색체는 'XX', 남성의 성염색체는 'XY'로 나타내지요. 결국 인간은 23쌍의 염색체 가운데 단 한 쌍의 염색체가 달라 남성과 여성으로 나뉘는 것입니다.

한 걸음 더 (2) 유전 연구의 첫걸음, 멘델의 법칙

그레고어 멘델은 수도사였습니다. 그러나 과학에 관심이 많아 15년이라는 긴 시간에 걸쳐 완두콩 교배 실험을 했지요. 그 결과 유전학 연구의 기초가 되는 '멘델의 법칙'을 발견했습니다. 그 내용은 대립하는 우성 유전 인자와 열성 유전 인자가 있을 때 우성 형질만 나타난다는 '우열의 법칙', 우성만 보인 세대를 교배하면 우성과 열성이 일정한 비율로 분리되어 나타난다는 '분리의 법칙', 서로 다른 형질을 나타내는 유전자는 각각 독립적으로 행동한다는 '독립의 법칙'이지요.

나의 생각메모

영양은 공급하고 세균은 막아내고

'혈액'은 '혈구'와 '혈장'으로 이루어져 있습니다. 혈구는 혈액 속에 함유된 '적혈구', '백혈구', '혈소판' 같은 세포 성분을 말하지요. 혈장은 단백질, 이온, 무기질 등이 녹아 있는 액체 성분입니다.

사람의 피가 붉은색을 띠는 것은 적혈구 때문입니다. 적혈구 속 헤모글로빈은 산소를 운반하는 역할을 하지요. 백혈구는 면역 작용에 꼭 필요한 성분입니다. 우리 몸에 침투하는 세균이나 바이러스를 백혈구가 방어하니까요. 백혈구 수가 부족하면 질병에 걸리기 쉬운데, 그렇다고 백혈구 수가 너무 늘어나도 면역 기능에 큰 혼란이 발생합니다. 그리고 혈소판은 몸에 상처가 났을 때 혈액을 응고시켜 지혈하는 역할을 합니다. 혈소판이 감소하면 멍이 잘 들고 출혈도 잦아지지요.

혈장의 액체 성분은 91퍼센트가 물입니다. 적혈구가 없어 색깔은 옅은 노란색을 띠지요. 혈장은 다양한 영양소를 운반해 몸속 세포에 공급합니다. 아울러 세포에서 발생하는 이산화탄소와 노폐물을 받아 운반하는 역할도 하지요.

혈액형 구별법

 인간의 혈액형을 A형, B형, O형, AB형으로 처음 분류한 사람은 카를 란트슈타이너입니다. 혈액형은 혈구의 적혈구 표면에 A 항원과 B 항원(항체를 만들게 하는 물질) 중 무엇이 있는지, 혈액 속에 어떤 항체(세균이나 바이러스 등에 대항해 만들어지는 물질)가 있는지에 따라 결정되지요. A형은 A항원, B형은 B항원만 갖고 있습니다. 두 항원 모두 갖고 있으면 AB형이고, 두 항원 모두 없으면 O형이지요. 또한 A형은 B항체, B형은 A항체가 있으며 두 항체를 모두 갖고 있는 경우는 O형, 두 항체 모두 없는 경우는 AB형입니다.

백혈구가 너무 많아서 생기는 병

 앞서 백혈구 수가 너무 늘어나도 면역 기능에 큰 혼란이 발생한다고 설명했습니다. 그 때문에 생기는 질병이 다름 아닌 백혈병이지요. 1846년 독일 의학자 루돌프 피르호가 백혈병을 최초로 발견했습니다. 백혈병 환자의 백혈구는 기능을 제대로 못하는데다, 백혈구가 너무 많아 다른 혈구들의 성장에도 문제를 일으킵니다.

나의 생각메모

○ ------------------------------------
○ ------------------------------------
○ ------------------------------------
○ ------------------------------------

과학 영양소가 궁금해?

제때 영양소를 공급해야 건강하지

사람의 성장을 이끌고 생명을 유지하는 데 필요한 에너지를 통틀어 '영양소'라고 합니다. 탄수화물, 단백질, 지방이 대표적인 3대 영양소지요.

탄수화물은 사람의 활동에 필요한 열량을 공급하는 데 매우 큰 역할을 합니다. 단백질은 근육을 만들고, 지방은 가장 효율적인 에너지원이면서 호르몬의 재료이기도 한 필수 영양소지요. 그 밖에 철, 칼슘, 나트륨 같은 무기염류와 비타민 등의 부영양소가 있습니다.

가전제품을 작동시키려면 전기가 필요하듯 사람이 활동하려면 지속적으로 칼로리를 공급해줘야 합니다. 칼로리란, 열량의 단위지요. 일반적으로 음식물의 영양가를 계산해 열량으로 나타낸 것을 말합니다. 그 기호로는 'cal'과 'kcal(1kcal=1,000cal)'을 사용합니다. 사람에게 칼로리가 너무 부족하면 건강이 파괴되어 자칫 목숨까지 잃을지 모릅니다. 주로 음식물을 통해 섭취하는 각종 영양소가 그처럼 중요한 칼로리 공급을 담당하지요.

한 걸음 더 (1) **칼로리 계산법**

칼로리를 계산할 때는 주로 화학자 윌버 애트워터의 방식을 따릅니다. 그는 탄수화물과 단백질 1그램에 4.2kcal, 지방 1그램에 9.3kcal로 열량을 나타냈지요. 그러니까 어떤 음식에 탄수화물 100그램, 단백질 50그램, 지방 50그램이 들어 있다면 총 열량은 1,095kcal가 되는 것입니다. 개인마다 차이가 있지만, 하루 동안 사람에게 필요한 칼로리는 대개 2,000~2,500kcal 정도라고 하지요.

한 걸음 더 (2) **무기염류에 대해 좀 더 알고 싶어**

3대 영양소에 비타민과 무기염류를 더해 5대 영양소라고 말하기도 합니다. 그 중 무기염류는 사람 몸의 여러 생리 활동에 반드시 필요하지요. 무기염류는 몸속에서 합성되지 않아 외부로부터 섭취해야 합니다. 그것이 부족하면 근육 마비, 경련, 혈압 저하, 빈혈, 물질대사 이상 같은 질병을 일으키지요. 무기염류는 철, 칼슘, 나트륨 외에도 인, 칼륨, 염소, 마그네슘, 구리, 아연, 망간 등 종류가 다양합니다.

나의 생각메모

- -

- -

- -

몸과 마음을 다스리는 보이지 않는 힘

영양소 못지않게 우리 몸의 변화를 주도하는 것이 '호르몬'입니다. 그것은 몸속 내분비기관에서 분비되며, 혈관을 통해 온몸으로 퍼지는 화학 물질이지요. 주요 내분비기관으로는 뇌하수체, 갑상샘, 이자, 부신, 생식샘 등이 있습니다.

호르몬은 사람의 신체 활동뿐만 아니라 정신 활동에도 관여합니다. 먹고, 자고, 생식하는 것 등과 더불어 즐거워하고, 우울해하고, 화를 내는 것 같은 감정 변화에도 영향을 끼친다는 말이지요. 사춘기를 지나면서 남자는 수염이 나고 여자는 생리를 시작하는데 그 역시 호르몬 때문입니다. 사람의 신체 성장과 성격을 형성하는 데 호르몬이 결정적인 역할을 하지요.

호르몬은 아주 적은 양으로도 몸속에서 중요한 기능을 담당합니다. 따라서 필요 이상 분비되거나 부족하면 금방 부작용이 나타나지요. 예를 들어 생장 호르몬이 지나치면 거인증이 생기고, 성 호르몬이 부족하면 갱년기가 찾아옵니다. 또 이자에서 분비되는 호르몬의 균형이 깨지면 당뇨병에 걸릴 수 있지요.

주요 내분비기관이 하는 일

뇌하수체는 대뇌와 소뇌 사이 간뇌의 아래쪽에 있는 생장 호르몬입니다. 갑상샘 자극 호르몬, 생식샘 자극 호르몬, 소변을 제어하는 항이뇨 호르몬 등을 분비하지요. 갑상샘은 체온 조절과 심장 박동을 촉진하는 호르몬인 티록신을 분비합니다. 이자는 혈당량을 낮추는 인슐린과 혈당량을 높이는 글루카곤을 분비하고요. 또한 부신은 아드레날린과 스트레스 호르몬인 코르티솔, 생식샘은 남성 호르몬인 테스토스테론과 여성 호르몬인 에스트로겐을 분비하지요.

식물에도 호르몬이 있다고?

인간뿐만 아니라 다세포 생물에는 호르몬이 있습니다. 식물도 다르지 않지요. 식물의 특정 부위에서 만들어지는 호르몬 역시 적은 양으로도 다양한 생리적 작용을 일으킵니다. 다만 식물 호르몬은 동물 호르몬에 비해 화학 구조가 단순하지요. 그 종류로는 식물의 숙성을 이루는 에틸렌, 생장을 조절하는 옥신, 분화를 촉진하는 사이토키닌 등이 있습니다.

나의 생각메모

순환계와 호흡계이 궁금해?

항상 책임을 다하는 신체 기관들

우리 몸의 각 기관은 매 순간 조화롭게 작동해 생명을 지키고 건강을 유지합니다. 그중에는 기능 면에서 관련성을 가져 서로 협력하는 집합체들이 있지요. 이를테면 '순환계'와 '호흡계'가 그렇습니다.

순환계는 몸 전체를 일정한 규칙에 따라 돌며 영양과 산소, 호르몬을 공급하면서 노폐물 따위를 받아들이는 계통의 조직을 가리킵니다. 그 활동은 혈액이나 림프액 같은 체액을 통해 이루어지지요. 순환계 신체 기관에는 심장, 동맥, 정맥, 모세 혈관, 림프관 등이 있습니다.

호흡계는 세포가 호흡하는 데 필요한 산소를 공기 중에서 흡수하고, 세포가 배출하는 이산화탄소를 몸 밖으로 내보내는 역할을 담당하는 계통의 조직을 일컫습니다. 호흡을 통해 몸속으로 들어온 산소는 조직 세포에서 영양소와 반응해 에너지를 발생시키지요. 즉 호흡의 목적은 생존에 필요한 에너지를 얻는 것입니다. 호흡계는 코, 인두, 후두, 기관, 기관지, 폐 등으로 구성되지요.

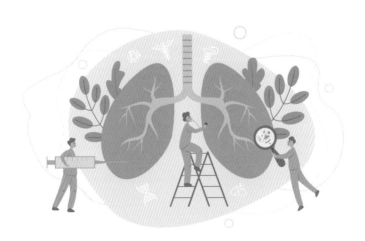

한 걸음 더 (1) 소화계와 배설계도 있지

 음식물을 먹은 다음 분해하고 흡수해 혈액으로 영양분을 보내는 기관을 통틀어 '소화계'라고 합니다. 입, 식도, 위, 간, 이자, 소장, 대장, 항문 같은 소화관과 침, 위액, 쓸개즙, 이자액 같은 소화액을 포함하지요. 그리고 '배설계'는 물질대사 후 생긴 노폐물을 몸 밖으로 내보내는 기관입니다. 사람의 경우 콩팥, 방광, 오줌관 등을 가리킵니다.

한 걸음 더 (2) 신경계와 생식계도 있어

 '신경계'는 몸 안팎에서 일어나는 자극들을 빠르게 전달해 그에 적합한 반응을 이 끌어내는 기관입니다. 신경계에는 뇌와 척수로 구성되어 정보를 통합하고 판단하는 중추신경계와, 몸의 감각기관이 얻은 정보나 중추신경계의 명령을 전달하는 말초신경계가 있지요. 그리고 '생식계'는 생식을 목적으로 하는 기관을 말합니다. 남성은 정소, 수정관, 요도, 음경, 여성은 난소, 수란관, 자궁, 질 등의 생식계를 가졌지요.

나의 생각메모

○

○ --

○ --

○ --

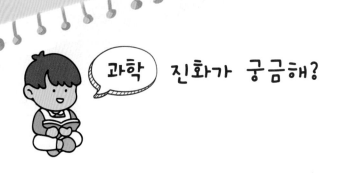

변하지 않으면 살아남지 못해

1859년, 생물학의 새 장을 연 놀라운 책이 출판됐습니다. 찰스 다윈이 쓴 『종의 기원』이었지요. 『종의 기원』은 출판 당일 1,200여 부가 매진될 만큼 큰 인기를 끌더니 오늘날까지 과학계의 매우 중요한 고전으로 평가받습니다.

찰스 다윈은 지구에서 살아가는 생물들의 탄생 기원을 알아낼 수 있는 '진화' 이론을 연구했습니다. 그 무렵 사람들은 자연 속의 생물들을 눈앞의 모습 그대로 하나님이 창조했다고 믿었지요. 그런데 찰스 다윈이 『종의 기원』을 통해 생물들이 아주 단순한 형태에서 지금의 모습으로 서서히 진화했다고 주장했으니 놀라움이 컸던 것입니다. 찰스 다윈은 진화의 증거로 여러 화석을 제시했지요.

찰스 다윈은 진화를 설명하기 위해 '자연선택설'을 주장했습니다. 생존 경쟁에 유리한 형질을 가진 종만이 살아남아 그 유전자가 후대에 계속 전달되면서 새로운 종이 나타난다는 내용이지요. 그 후 식물학자 휴고 드 브리스는 돌연변이 때문에 생물이 진화한다는 '돌연변이설'을 내세우기도 했습니다.

한 걸음 더 (1) 자연선택설 이전에 용불용설

찰스 다윈이 가장 먼저 진화에 관심을 가졌던 학자는 아닙니다. 그에 앞서 '용불용설'을 이야기한 장 바티스트 라마르크가 있었지요. 그는 1809년 펴낸 『동물 철학』에서 진화에 관한 기본 원리를 설명했습니다. 그 내용은 '동물은 환경이 변하면 습성이 달라지는데, 더 많이 사용하게 된 기관은 발달하고 쓰임새가 줄어든 기관은 퇴화해 다음 세대로 이어진다.'라는 것이지요. 그러나 훗날 후천적으로 얻은 형질은 유전되지 않는다는 사실이 밝혀져 오류가 있는 학설로 결론 났습니다.

한 걸음 더 (2) 『종의 기원』을 탄생시킨 갈라파고스 제도

남아메리카 에콰도르 서쪽 1천 킬로미터 지점에 '갈라파고스 제도'가 있습니다. 그 지역은 19개의 화산섬과 수많은 암초들로 이루어졌지요. 찰스 다윈은 1835년 생물학자 자격으로 갈라파고스 제도에 갔습니다. 그곳에서 원래 같은 종의 새들이 멀리 떨어져 살며 저마다의 환경에 따라 다른 모습으로 변화한 사실을 알아냈지요. 그와 같은 깨달음에서 『종의 기원』의 연구가 시작됐습니다.

나의 생각메모

○

○

○

○

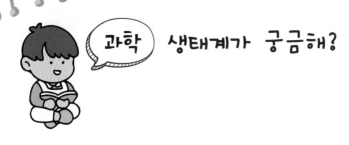

자연의 질서를 깨뜨리면 안 돼

생물군과 자연 환경이 유기적으로 결합해 있는 체계를 '생태계'라고 합니다. 여기서 유기적이라는 말은 모든 생물군과 환경의 각 부분이 서로 밀접하게 연관되어 있어 떼어낼 수 없다는 뜻이지요. 마치 하나의 생명체처럼 말이에요.

생물군에는 동물과 식물을 비롯해 다양한 균류가 있습니다. 그것을 둘러싼 태양, 공기, 흙, 물 같은 자연 환경이 조화롭게 어우러져 생태계를 형성하지요. 그 안에는 복잡한 구조의 먹이사슬이 존재하며, 계절의 변화와 함께 침식과 퇴적 같은 여러 자연 현상이 끊임없이 일어납니다. 그렇게 생물군과 자연 환경은 변화와 순환을 거듭하면서 생태계를 건강하게 유지하지요.

그런데 얼마 전부터 생태계 파괴에 관한 걱정이 자주 들려옵니다. 인간의 탐욕이 자연의 질서를 어지럽히고 지구 온난화 문제까지 발생시켰기 때문이지요. 우리나라만 해도 매년 7천만제곱미터의 산림이 개발로 파괴된다고 합니다. 그러면 당연히 산림속 생태계가 엉망이 될 수밖에 없지요.

한 걸음 더 (1)　먹이사슬에 대해 알고 싶어

생태계 속 생물들 사이의 먹고 먹히는 관계가 사슬처럼 연결되어 있다고 해서 '먹이사슬'이라고 합니다. 예를 들어 볏잎을 메뚜기가 갉아먹고, 메뚜기를 개구리가 잡아먹으며, 개구리를 뱀이 사냥하고, 뱀은 매의 먹잇감이 되는 식이지요. 그리고 '먹이그물'이라는 용어도 있는데, 그것은 먹고 먹히는 관계가 그물처럼 복잡하게 얽혀 있다는 뜻입니다. 이를테면 뱀은 개구리뿐만 아니라 쥐와 새도 잡아먹으니까요.

한 걸음 더 (2)　생태계의 다양성이 중요해

지구상의 생태계는 획일적이지 않습니다. 그 지역이 적도 부근인지 극지방인지, 산이 많은 지형인지 바다가 인접한 곳인지, 해발 고도가 높은지 낮은지 등에 따라 서로 다른 생태계가 만들어지지요. 그 지역에서 이어져온 인류의 역사도 생태계에 끼치는 영향이 적지 않고요. 그처럼 여러 유형의 생태계가 있는 것을 가리켜 '생태계의 다양성'이라고 하는데, 그 때문에 각 지역의 먹이사슬도 달라집니다.

나의 생각메모

잠깐! 스스로 생각해봐!

■ 인간의 과학 기술은 생명체의 유전자를 교정하고 조작하는 단계로 발달했습니다. 그와 같은 '유전자 변형 기술'이 가져다줄 새로운 가능성과 문제점은 무엇일까요?

잠깐! 스스로 생각해봐!

■ 인간과 세계의 탄생을 바라보는 관점에는 크게 '창조론'과 '진화론'이 있습니다. 그것은 종교와 과학이 얽힌 복잡한 문제인데, 여러분의 생각은 어떤가요?

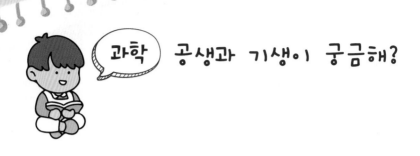

서로 주고받거나 빌붙어 살거나

지구상의 다양한 생물들 중에는 서로 도움을 주고받는 관계가 있습니다. 그것을 '공생'이라고 하지요. 공생을 하는 까닭은 서로에게 이익이 되기 때문입니다.

물론 공생이라고 해서 양쪽의 이익이 항상 똑같은 것은 아닙니다. 공생에는 크게 '상리공생'과 '편리공생'이 있지요. 상리공생은 서로 다른 두 종 모두 비슷하게 이익을 얻는 관계입니다. 편리공생은 어느 한쪽만 이익을 얻고 다른 쪽은 이렇다 할 이익도 손해도 없는 경우지요.

그에 비해 '기생'이란, 한쪽은 이익을 얻지만 다른 한쪽은 손해를 보는 관계입니다. 이때 기생하는 생물을 '기생자', 기생당하는 생물을 '숙주'라고 합니다.

기생은 어느 면에서 공생의 한 갈래로 볼 수 있습니다. 그 역시 서로 다른 생물들이 밀접한 관계를 맺는 것이니까요. 다만 기생은 이익을 얻는 쪽과 함께 피해를 입는 쪽이 분명히 존재한다는 점이 다를 뿐입니다.

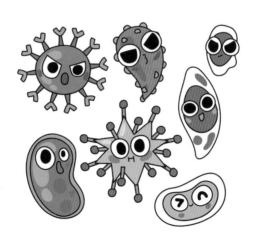

한 걸음 더 (1) 공생의 사례

먼저 상리공생. 바닷물고기인 흰동가리는 말미잘 사이에 숨어 천적을 피하거나 먹잇감을 구합니다. 그 대신 기능을 잃은 말미잘의 촉수를 자르고 찌꺼기를 청소해주지요. 흰동가리의 먹이 찌꺼기는 말미잘의 먹이가 되기도 하고요. 다음은 편리공생. 초원의 얼룩말은 기린의 넓은 시야를 이용해 포식자를 피하는 경우가 많습니다. 기린은 별다른 이익이나 손해가 없지만, 얼룩말에게는 썩 괜찮은 공생 관계지요.

한 걸음 더 (2) 기생의 사례

요즘은 드물지만, 사람 몸속에도 여러 종류의 기생충이 살고 있습니다. 기생충은 사람이 음식으로 섭취한 영양소를 빼앗아 먹으며 성장하지요. 그만큼 사람은 영양소가 부족해집니다. 또한 나무에 기생하는 겨우살이나 일부 버섯도 예로 들 수 있습니다. 뻐꾸기처럼 스스로 둥지를 짓지 않고 다른 종의 보금자리에 알을 낳아놓아 대리 육아를 시키는 것도 기생의 또 다른 사례입니다.

나의 생각메모

- ---
- ---
- ---

원자와 분자가 궁금해?

모든 물질에는 근본이 있어

책이나 신발 같은 물질을 계속 쪼개다 보면 '원자'가 나오게 됩니다. 더 이상 쪼갤 수 없는 가장 작은 물질, 즉 물질을 구성하는 기본 입자를 원자라고 하지요.

원자는 매우 작아 사람 눈에 보이지 않습니다. 이 책을 잠실야구장에 비유한다며 원자는 거기에 굴러다니는 티끌 하나 만하다고 할까요? 그리고 원자는 불안정하기 때문에 자연계에서 그대로 존재하지 않습니다. 대부분 '분자' 상태로 있지요.

분자는 1개의 원자 또는 여러 개의 원자가 모여 구성합니다. 어떤 물질에서 화학적 성질을 보존한 채 분리할 수 있는 가장 작은 단위를 분자라고 하지요. 분자의 크기 역시 대부분 일반 현미경으로는 볼 수 없을 만큼 작습니다.

그런데 110여 개 남짓한 원자의 종류에 비해 분자는 비교할 수 없을 만큼 많습니다. 원자의 조합에 따라 다양한 종류의 분자가 만들어지기 때문이지요. 예를 들어 수소 원자 2개와 산소 원자 1개가 모이면 물 분자가 되고, 거기에 산소 원자 1개를 더 붙이면 과산화수소 분자가 되는 식입니다.

소금을 물에 녹이면 짠맛이 나는 이유

 소금을 물에 녹여도 그냥 물만 있는 상태와 구별되지 않습니다. 하지만 맛을 보면 분명 짜지요. 그 이유는 물속에 소금 분자가 있기 때문입니다. 그러니까 소금을 녹인 물에는 수소와 산소의 화합물인 물 분자와 나트륨과 염소의 화합물인 소금 분자가 들어 있다는 뜻이지요. 분자는 물질의 성질을 보존한다고 이미 공부했습니다.

원자가 곧 분자인 금속

 모든 물질이 서로 다른 원자가 결합한 형태인 것은 아닙니다. 수천이나 수만 개의 원자가 모인 '고분자'도 있지만, 앞서 설명했듯 1개의 원자만으로도 분자를 구성할 수 있기 때문이지요. 이를테면 구리, 철, 알루미늄 같은 금속은 그 자체로 원자이면서 분자이고 물질입니다. 구리라는 물질은 구리 원자만으로, 알루미늄이라는 물질은 알루미늄 원자만으로 이루어졌다는 말입니다.

나의 생각메모

○ --

○ --

○ --

○ --

원소와 원소주기율표가 궁금해?

물질을 이루는 기본 성분 118개

앞서 수소 원자 2개와 산소 원자 1개가 모이면 물 분자가 된다고 이야기했습니다. 그것을 분자식으로 나타내면 '물(H_2O)'이죠. 여기에는 물 분자의 원자가 모두 3개이며, 수소와 산소라는 2가지 '원소'로 물이 구성되었다는 정보가 담겨 있습니다.

원소는 물질을 이루는 기본 성분을 가리킵니다. 단 한 종류의 원자로 만들어지며, 현재 공식적으로 인정받은 원소의 수는 총 118개지요. 자연에 존재하는 원소는 모두 밝혀졌지만 전 세계 여러 연구실에서 새로운 원소를 만드는 실험이 계속 진행 중이라 그 수는 더 늘어날 수 있습니다.

지난날 과학자들은 여러 원소들에 어떤 규칙성이 있을 것이라고 예측했습니다. 그래서 원소들을 질량 순서대로 나열해보는 등 비밀을 찾아내려고 노력했지요. 그런 노력은 1869년에 이르러서야 러시아 화학자 드미트리 멘델레예프에 의해 결실을 맺었습니다. 그는 당시까지 발견된 원소들을 표로 정리해 그 이름과 성질을 한눈에 알아볼 수 있게 했지요. 그것을 일컬어 '원소주기율표'라고 합니다.

원소주기율표를 외우라고?

중고등학교에 다니면 원소주기율표를 외워야 합니다. 꼭 그럴 필요가 있는가에 대해 의견이 엇갈리기는 하지만 일단 외워두면 화학 공부할 때 여러모로 도움이 되지요. 그러니까 전부는 아니더라도 20번 정도까지는 정확히 기억해두면 좋습니다. 원소주기율표의 구성은 우선 원소를 원자 번호 차례대로 왼쪽에서 오른쪽으로 배열해놓았습니다. 그리고 비슷한 성질의 원소가 나타날 때마다 그것을 위아래로 겹치게 배열했지요. 가로를 '주기', 세로를 '족'이라고 합니다.

인공 원소가 뭐야?

전 세계 여러 연구실에서 새로운 원소를 만드는 실험이 계속 진행 중이라고 했던 말 기억하나요? 그처럼 자연에 존재하지 않는 원소를 가속기나 원자로를 이용해 만들어낸 것을 '인공 원소'라고 합니다. 그 특징은 방사성 원소라는 것이며, 어떤 변화에 원자 수가 반으로 줄어드는 반감기가 짧아 빠르게 붕괴되지요. 최초의 인공 원소는 1937년 만들어낸 테크네튬(Tc)입니다.

나의 생각메모

○

○

○

○

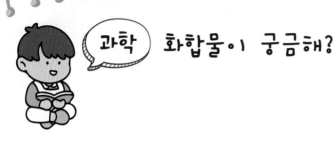

과학 화합물이 궁금해?

서로 다른 원소가 결합해 만든 새로운 물질

두 종류 이상의 서로 다른 원소가 일정 비율로 결합해 만든 순수한 화학 물질을 '화합물'이라고 합니다. 이를테면 수소 원자 2개와 산소 원자 1개로 이루어진 물(H_2O)도 화합물 중 하나지요. 탄소 원자 1개와 산소 원자 2개가 모인 이산화탄소(CO_2) 역시 마찬가지고요.

서로 다른 원소들이 결합했을 때, 그 물질은 이전에 가졌던 각 원소의 특성 대신 새로운 성질을 갖게 됩니다. 앞서 예로 든 물이라는 물질의 성질을 생각해보면 그 의미를 쉽게 이해할 수 있지요. 물에는 수소와 산소가 원소로서 가졌던 특성이 남아 있지 않으니까요.

프랑스 화학자 앙투안 라부아지에는 어떤 화학적 방법을 써도 원소는 더 이상 다른 물질로 분해할 수 없다고 말했습니다. 그러나 화합물은 원소와 다르게 열이나 전기 등 일정한 조건을 충족시키면 다시 원소로 분해되지요. 분해 장치에 넣은 물에 전기를 가하면 수소와 산소로 분해되는 식입니다.

한 걸음 더 (1) 원자와 원소는 같은 것일까?

　화합물에 대해 설명하면서 원자라는 용어와 원소라는 용어가 뒤섞인 것이 혼란스럽지 않나요? '원자는 물질을 구성하는 기본 입자'라는 것은 이미 공부한 내용입니다. '원소는 물질을 이루는 기본 성분'이고요. 그러니까 원자는 물질을 구성하는 실체이고, 원소는 같은 성질을 가진 원자들을 통틀어 하나의 종류로 일컫는 것이지요. 둘 다 비슷한 뜻으로 쓰이기도 하지만 엄연히 차이가 있는 개념어입니다.

한 걸음 더 (2) 홑원소물질은 어떤 의미일까?

　한 가지 종류의 물질로 이루어져 고유한 성질을 갖는 것을 '순물질'이라고 합니다. 그것은 2가지 이상의 물질이 화학적 결합을 하지 않은 채 각각의 성질을 지니면서 뒤섞인 '혼합물'과 구별되지요. 그리고 순물질은 다시 방금 전에 알아본 '화합물'과 '홑원소물질'로 나뉩니다. 홑원소물질이란, 오직 한 종류의 원소만으로 이루어진 물질이지요. 예를 들어 금, 은, 구리, 산소, 수소, 질소 등이 그렇습니다.

나의 생각메모

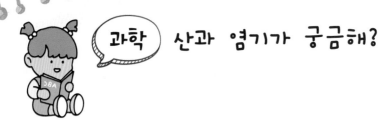

산과 염기가 궁금해?

알고 보면 늘 우리 곁에 있는 화학 물질

'산'과 '염기'는 일상생활과 밀접한 화학 물질입니다. 산을 물에 녹이면 수소 이온이 나오는데, 그것이 산성 물질의 공통적인 특성을 나타내지요. 그리고 염기는 물에 녹였을 때 수산화 이온이 나옵니다. 바로 그 점이 염기성을 띠는 물질의 공통된 특성을 만들어냅니다.

흔히 식초처럼 신맛이 나면 산성 물질이라고 합니다. 식초에 달걀껍데기를 담그면 거품이 일며 물러지는 것을 볼 수 있는데, 그 이유는 산이 달걀껍데기의 탄산칼슘을 녹이기 때문이지요. 식초보다 산이 훨씬 강한 염산은 금속을 부식시키기도 합니다. 벌과 개미도 몸속에 강한 산을 지녀 사람이 물리면 매우 따갑지요.

염기는 단백질을 녹이는 성질을 가졌습니다. 염기성 물질 중 하나가 비누인데, 손을 씻다 보면 그 속에 든 염기성 물질인 수산화나트륨이 피부의 단백질을 녹여 미끌거리는 촉감이 느껴집니다. 염기성 세정제를 이용해 머리카락으로 막힌 하수관을 뚫는 것도 같은 원리지요. 머리카락의 성분 역시 단백질이니까요.

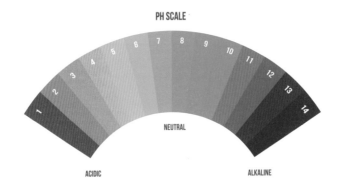

한 걸음 더 (1) 산과 염기를 구별하는 pH(피에이치 또는 페하)

산과 염기의 진하고 연한 정도를 나타내는 단위로 'pH'를 사용합니다. 그것은 수소 이온 농도의 지수로, 순수한 물의 pH가 7입니다. pH가 7보다 작으면 산성, 크면 염기성이지요. pH7을 기준으로 숫자가 0에 가까워질수록 산성이 증가하며, 숫자가 14에 가까워질수록 염기성이 증가합니다. 이를테면 황산은 pH가 0에 근접하는 강산성 물질이고, 수산화나트륨은 pH가 14에 근접하는 강염기성 물질이지요.

한 걸음 더 (2) 리트머스 종이로 구별하는 산과 염기

키가 4~8센티미터 자라는 리트머스이끼가 있습니다. 그 식물에서 리트머스액을 짜내 거름종이에 적시고 말려 '리트머스 종이'를 만들지요. 리트머스 종이는 붉은색과 푸른색 두 종류가 있는데, 붉은색 시험지를 염기성 용액에 담그면 푸른색으로 변하고 푸른색 시험지를 산성 용액에 담그면 붉은색으로 변합니다. 따라서 리트머스 종이를 이용해 어떤 물질이 산성인지 염기성인지 간단히 알아볼 수 있지요.

나의 생각메모

○

○ ---

○ ---

○ ---

고체와 액체와 기체가 궁금해?

물질의 3가지 상태

우리 주변의 물질은 '고체', '액체', '기체'의 상태로 존재합니다. 화학자들은 그 차이를 다음과 같이 명확히 구분해놓았지요.

먼저 고체. 고체는 부피와 모양이 일정합니다. 물질을 이루는 입자의 배열이 규칙적이라 어디에 담든 형태가 변하지 않지요. 눈으로 보고 손으로 만질 수 있으며, 강한 힘을 가할 경우 부서지는 성질이 있습니다. 압축되거나 흐르지도 않지요.

두 번째 액체. 액체는 부피가 일정한 반면 담는 그릇에 따라 모양은 달라집니다. 고체만큼은 아니라도 기체에 비해서는 입자의 배열이 규칙적이지요. 눈으로 보고 손으로 만질 수 있으나, 고체처럼 손으로 잡는 것은 불가능합니다. 또한 잘 흐르는 성질을 가졌지만 압축되지는 않지요.

마지막으로 기체. 기체는 부피가 잘 변하며, 모양이 자유롭게 변해 어떤 그릇이든 가득 채우는 성질을 가졌습니다. 입자의 배열이 불규칙하고, 눈에 보이거나 손에 만져지지 않지요. 압축이 잘 되고 사방으로 쉽게 퍼져나가는 성질도 있습니다.

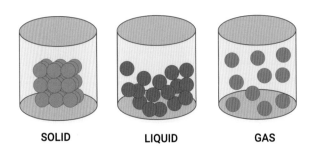

SOLID　　　　LIQUID　　　　GAS

고체 · 액체 · 기체의 예

책, 컴퓨터, 연필, 밥그릇, 냉장고 등이 고체입니다. 운동장의 모래도 수많은 고체 중 하나지요. 한 줌의 모래는 형태가 달라지지만 낱낱의 모래는 고체의 성질을 두루 갖고 있습니다. 액체로는 물, 주스, 우유, 커피, 술, 식초 등을 예로 들 만합니다. 그리고 기체에는 산소, 수소, 이산화탄소, 질소, 헬륨, 아르곤 등이 있지요.

3가지 상태로 달라지는 물

대부분의 물질은 고체, 액체, 기체 중 어느 하나의 상태로 존재합니다. 그런데 특정한 조건에 따라 고체, 액체, 기체 상태를 왔다 갔다 하는 물질도 있지요. 대표적인 사례가 물입니다. 물 분자는 서로 잡아당기는 힘이 크지 않아 열을 가할 경우 액체에서 쉽게 기체로 변합니다. 또한 온도가 영하로 내려가면 고체인 얼음으로 변하기도 하지요. 온도가 올라가면 얼음은 다시 액체의 모습을 띠고요.

나의 생각메모

○ ---

○ ---

○ ---

○ ---

과학 녹는점과 끓는점이 궁금해?

● 물질의 상태가 변하는 바로 그때

온도에 따라 상태가 변하는 물질이 있습니다. 앞서 이야기한 물의 경우는 고체인 얼음의 상태에서 열을 가해 액체 상태로 변하는 '녹는점'이 0℃입니다. 그것이 다시 얼음이 되어 고체 상태가 되는 '어는점' 역시 녹는점과 똑같지요. 즉 한 물질의 녹는점과 어는점이 같다는 말입니다.

녹는점은 고체인 물질이 녹는 동안 일정하게 유지됩니다. 어는점도 액체인 물질이 어는 동안 일정하게 유지되고요. 예를 들어, 얼음의 상태에서 열이 전달돼 녹기 시작하면 한동안 온도가 더 이상 올라가지 않습니다. 그때는 얼음이 흡수한 열이 물질의 상태를 변하시키는 데 사용되기 때문이지요. 그러므로 녹는점과 어는점은 상태 변화가 끝날 때까지 일정 시간 동안 이어집니다.

고체인 얼음이 녹아 액체인 물이 된 후에도 계속 열을 가하면 기체로 변하게 됩니다. 물의 온도가 '끓는점'인 100℃가 되면 온도가 더 올라가지 않고 일정하게 유지되지요. 그때 물이 다시 상태 변화를 일으켜 기체인 수증기가 되는 것입니다.

여러 물질의 녹는점

물질	녹는점	물질	녹는점
얼음	0℃	나프탈렌	80.3℃
수은	-38.8℃	납	328℃
에탄올	-114.1℃	철	1,538℃
질소	-210℃	텅스텐	3,422℃

여러 물질의 끓는점

물질	끓는점	물질	끓는점
물	100℃	수은	356.6℃
암모니아	-33.3℃	나프탈렌	217.9℃
산소	-183℃	염화나트륨	1,465℃
에탄올	78.3℃	철	2,861℃

나의 생각메모

지구가 궁금해?

나와 내 가족이 살아가는 별

드넓은 우주에는 수많은 별이 있습니다. 인간이 관측 가능한 우주만 해도 동서남북으로 각각 460억 광년은 달려가야 할 만큼 넓으며, 그 안에는 10^{24}개의 별이 있다고 하지요. 1에 동그라미 24개가 붙는 숫자의 크기가 상상되나요? 그중 하나의 별이 다름 아닌 '지구'입니다.

지구가 포함된 태양계에는 8개의 행성이 있습니다. 태양과 가까운 순서대로 수성, 금성, 지구, 화성, 목성, 토성, 천왕성, 해왕성이 그것이지요. 지구는 달을 위성으로 갖고 있으며 자전 주기는 약 24시간, 공전 주기는 약 365일입니다. 행성, 자전, 공전 같은 용어의 의미는 곧 공부할 예정입니다.

또한 거대한 공 모양인 지구의 지름은 1만2,756킬로미터에 달하며 표면적은 5억 2,000만제곱킬로미터입니다. 그중 70퍼센트를 바다가 차지하고 있지요. 인간이 살아가는 땅을 가리켜 지각이라고 하는데, 그 두께는 평균 5~35킬로미터 정도입니다. 지각의 부피는 지구 전체 부피의 약 1퍼센트에 불과하지요.

한 걸음 더 (1)　지구의 나이는 몇 살이야?

　과학자들은 지구의 나이가 46억 살이라는 데 대체로 동의합니다. 지금으로부터 약 50억 년 전 우주 공간에 태양이 나타나고, 뒤이어 약 46억 년 전 지구별이 탄생했다고 추측하지요. 그 후 오랜 세월에 걸쳐 미생물을 시작으로 여러 생물이 생겨나고 진화해 지금의 자연 생태계를 만들었습니다. 지구는 모든 별이 그렇듯 언젠가 수명을 다할 텐데, 앞으로 17억~32억 년쯤 남았다는 학설 등이 나와 있지요.

한 걸음 더 (2)　달에 대해 알고 싶어

　달은 지구가 가진 유일한 위성입니다. 달의 지름은 3474.2킬로미터이며, 지구와 달의 중심 간 거리는 약 384,399킬로미터지요. 또한 자전 주기는 약 27.3일이고, 공전 주기 역시 그와 같습니다. 달에서 하루의 길이는 약 29.5일이고요. 달의 자전과 공전 주기가 같은 이유는 기조력 때문입니다. 해수면의 높이 차이를 일으키는 기조력은 달과 태양의 인력과 지구의 원심력이 서로 작용해 나타나는 현상이지요.

나의 생각메모

○

○

○

○

지구의 자전과 공전이 궁금해?

돌고, 돌고, 또 돌고

지구는 자전축(북극과 남극을 이은 가상의 축)을 중심으로, 서쪽에서 동쪽 방향으로 하루에 한 바퀴씩 회전합니다. 태양계의 모든 행성과 달도 그렇게 규칙적인 회전 운동을 하지요. 그것을 일컬어 '자전'이라고 합니다.

한 시간에 15도씩, 하루에 360도를 도는 지구의 자전으로 사람들은 매일 낮과 밤을 맞이하게 됩니다. 자신이 사는 땅이 태양과 마주보면 낮이 되고, 태양과 멀어지면 밤이 되지요. 또한 사람들 눈에는 태양이 동쪽에서 떠 서쪽으로 지는 것처럼 보입니다. 태양의 움직임이 지구의 자전 방향과 반대로 느껴지기 때문입니다.

그런데 지구는 자전만 하는 것이 아닙니다. 지구는 태양을 중심으로 1년에 한 바퀴씩 서쪽에서 동쪽으로 회전하기도 하지요. 그것을 '공전'이라고 하는데, 자전과 마찬가지로 태양계의 모든 행성이 그와 같은 회전 운동을 합니다.

공전을 하면 지구의 위치가 변하므로 하늘의 별자리가 규칙적으로 다르게 보입니다. 사계절이 나타나는 이유도 지구의 공전 때문이지요.

한 걸음 더 (1) 태양계 행성들의 자전 주기

 지구는 24시간마다 360도씩 자전합니다. 그런 까닭에 지구의 하루는 24시간이지요. 태양계 행성들 중 자전 주기가 가장 빠른 것은 목성으로 약 9.9시간마다 한 바퀴씩 스스로 회전합니다. 반대로 자전 주기가 가장 느린 행성은 금성이지요. 그곳에서는 하루가 약 5,832시간으로 지구의 243일이 금성에서는 하루에 해당합니다. 그 밖에 화성의 자전 주기가 24.6시간으로 지구와 거의 비슷하지요.

한 걸음 더 (2) 태양계 행성들의 공전 주기

 지구의 공전 주기는 약 365일입니다. 그것이 곧 지구의 1년이지요. 그에 비해 태양과 가장 가까운 수성의 공전 주기는 88일입니다. 반대로 태양에서 가장 먼 해왕성의 공전 주기는 6만182일, 약 165년에 달하지요. 그러니까 지구의 100살 노인이 해왕성에서는 돌도 지나지 않은 셈이지요. 참고로, 지구의 공전 속도는 시속 약 11만 킬로미터에 이릅니다. 1초에 약 30킬로미터를 달리는 속도입니다.

나의 생각메모

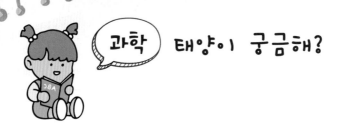

과학 태양이 궁금해?

지구의 생명을 살리는 태양 에너지

앞서 지구의 자전과 공전에 대해 살펴봤습니다. 그런데 '태양' 역시 지구처럼 자전과 공전을 반복합니다. 태양계의 우두머리인 태양도 우주 전체로 보면 티끌만한 별하나에 지나지 않지요.

지구가 자전하듯, 태양도 약 27일 주기로 자전합니다. 그리고 지구가 태양 주위를 공전하듯, 태양도 자신이 속한 은하의 중심을 공전하지요. 태양의 공전 주기는 무려 2억5,000만 년에 달합니다.

태양을 이야기할 때 가장 먼저 주목할 점은 태양계 행성들의 에너지원이라는 사실입니다. 태양이 없으면 지구의 온도가 유지되지 못하며, 여러 기상 현상과 화석 연료의 생성이 불가능하지요. 동식물이 생존하지 못하는 것은 말할 것 없고요.

태양의 크기는 지구 지름의 약 109배입니다. 질량은 지구의 약 33만 배에 이르지요. 만약 태양 속에 지구를 집어넣는다면 100만 개 넘게 들어갑니다. 태양은 매우 뜨거운 별이지요. 태양 중심부의 온도는 철을 녹이는 용광로의 8천 배나 됩니다.

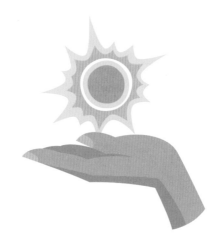

8분 20초의 비밀

태양은 지구에서 약 1억 4,960만 킬로미터나 멀리 떨어져 있습니다. 빛이 1초에 30만 킬로미터를 가니까, 지구에서 빛의 속력으로 태양까지 간다면 약 8분 31초가 걸리겠지요. 그러니까 지금 우리가 느끼는 태양빛이 실은 태양으로부터 약 8분 31초 전에 출발했다는 의미이기도 합니다.

무한한 태양의 능력

태양이 있으므로 식물이 광합성을 합니다. 식물이 잘 자라야 산소가 풍부해지고, 먹이사슬에 따라 초식동물과 육식동물이 번성하지요. 또한 태양은 지구 대기의 대류 현상을 일으켜 구름을 만듭니다. 구름이 있어 비와 눈이 내리지요. 태양 에너지는 땅과 바다와 공기에 스며들어 생명이 살아갈 수 있는 온도를 유지시켜줍니다. 알고 보면 석유와 석탄, 태양광 발전 등도 결국 태양에서 비롯된 것입니다.

나의 생각메모

중심별과 그 주위를 맴도는 별

'항성'은 붙박이별이라고 합니다. 사람의 눈에는 항상 같은 자리에서 보이며 별자리를 구성하지요. 태양계의 경우 태양이 바로 항성입니다. 천문학자들은 지구가 속한 은하만 해도 1천억 개가 넘는 항성이 있을 것으로 추측하지요.

항성은 스스로 빛을 내는 별입니다. 그 이유는 중심부의 핵융합 반응으로 엄청난 에너지를 만들어내기 때문이지요. 항성은 표면 온도에 따라 다른 색깔을 띠며, 크기를 비롯해 지구와 거리 등에 따라 밝기에 차이가 있습니다.

그와 달리 '행성'은 스스로 빛을 내지 못하고, 타원 궤도를 그리며 항성 주위를 공전하는 특징을 가졌습니다. 스스로 빛을 내지 못한다는 말에는 스스로 에너지를 생산하지 못한다는 뜻이 담겨 있지요. 지구 역시 행성이므로 스스로 빛을 내는 것이 아니라 태양 빛을 반사해 빛날 뿐입니다.

항성이 행성을 거느리듯, 일부 행성 주변에는 위성이 맴돕니다. 지구의 경우 달이 그렇지요. 태양계에만 해도 160개가 넘는 위성이 있습니다.

한 걸음 더 (1)   혜성은 뭘까?

우주에는 다양한 물체가 존재합니다. 그중에는 항성, 행성, 위성을 비롯해 '혜성'
도 있지요. 혜성은 가스 상태의 빛나는 긴 꼬리를 끌고 타원이나 포물선에 가까운
궤도를 그리며 태양 주변을 운행합니다. 혜성의 구조는 중심인 핵과 그것을 둘러
싼 가스 대기층 코마, 그리고 코마의 가스가 길게 늘어진 꼬리로 되어 있습니다.

한 걸음 더 (2)   지동설과 천동설

21세기를 살아가는 사람들은 지구가 태양 주위를 공전한다는 것을 분명히 알고
있습니다. 그처럼 지구가 우주의 아주 작은 한 부분일 뿐이라는 사실을 받아들인
학설이 '지동설'이지요. 그런데 16세기까지만 해도 인류는 지구가 고정되어 있으
며, 태양과 수많은 별들이 지구의 둘레를 맴돈다고 믿었습니다. 그와 같이 지구가
우주의 중심이라고 주장한 학설을 가리켜 '천동설'이라고 합니다.

나의 생각메모

우주 공간에서 사람은 얼마나 작은 걸까

천문학자들은 지금도 계속 팽창하는 우주에 수많은 별이 모여 형성한 '은하'가 2조 개쯤 된다고 말합니다. 은하란, 별들이 모여 있는 집단을 일컫지요. 망원경의 성능이 향상되고 관측 기술이 발전하면서 인류는 우주 공간에 무수히 많은 은하가 존재한다는 사실을 알게 됐습니다.

그렇게 숱한 은하들 중 태양계가 속한 은하를 가리켜 특별히 '우리은하'라고 합니다. 우리은하의 지름은 약 10만 광년에 달하며, 학자들마다 차이는 있지만 대체로 항성의 수가 4천억 개 정도는 된다고 추측하지요. 그 항성들 중 하나인 태양을 중심으로 하는 태양계는 우리은하의 가장자리에 위치합니다.

은하는 별과 가스, 암흑 물질로 이루어져 있습니다. 우리은하도 다르지 않지요. 또한 은하의 형태는 타원은하, 나선은하, 막대나선은하, 불규칙은하 등으로 구별하는데 우리은하는 그중 막대나선은하입니다. 천문학자들은 우주의 나이를 137억5천 년 정도로 추정하는데, 우리은하에도 135억 살쯤 된 별이 있다고 하지요.

우리은하의 이웃 안드로메다운하

 우리은하 밖에 있는 다른 은하들을 '외부 은하'라고 합니다. 외부 은하 역시 우리 은하처럼 수많은 별이 모여 있는 천체지요. 우리은하에 인접한 외부 은하로는 안드로메다은하, 마젤란은하, 삼각형자리은하 등이 있습니다. 특히 안드로메다은하는 우리은하에서 가장 가까운 외부 은하로, 지구를 기준으로 보면 약 200만 광년쯤 떨어져 있지요. 그 모양은 나선은하에 속합니다.

우리은하에 블랙홀이 있다고?

 대부분의 은하는 질량이 아주 큰 '블랙홀'을 중심부에 갖고 있습니다. 우리은하도 태양 질량의 약 430만 배에 달하는 초대질량 블랙홀을 가졌지요. 블랙홀은 오래된 별이 폭발하는 등의 이유로 생겨나는데, 굉장히 강한 중력으로 모든 것을 빨아들이는 탓에 빛을 비롯해 아무것도 빠져나올 수 없습니다. 그런데 다른 은하와 달리 우리은하의 블랙홀은 상대적으로 활동이 조용한 편이라고 하지요.

나의 생각메모

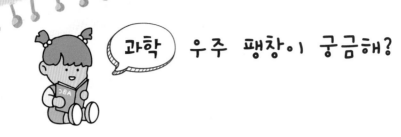

우주 팽창이 궁금해?

지금 이 순간에도 우주는 더 커지고 있어

오늘날의 우주론에 따르면, 약 138억 년 전 세상에는 아무것도 없었습니다. 아니, 세상이라는 개념은 말할 것 없고 시간과 공간 자체가 없었지요. 원자도 없었고요. 그런데 어느 순간 대폭발, 즉 '빅뱅'이 일어나 우주가 탄생했지요.

20세기에 접어들고 나서도 사람들은 우리를 둘러싼 우주가 언제나 똑같은 모양을 하고 있다고 생각했습니다. 최고의 과학자 알베르트 아인슈타인 역시 "우주는 팽창하지도 않고, 수축하지도 않는다."라고 말했지요.

하지만 1920년대부터 다른 학설이 나오기 시작했습니다. 몇몇 학자들이 우주의 대폭발을 뒷받침하는 논문을 발표했거든요. 1929년 천문학자 에드윈 허블은 우주의 은하들이 우리은하와 거리에 비례해서 빠르게 멀어진다는 사실을 발견해 '우주 팽창'까지 주장했습니다. 그 후 우주 팽창 이론은 천문학의 정설로 굳어졌지요. 그러나 지금의 우주 팽창이 무한히 계속될지, 어느 때에 멈출지, 아니면 중력 때문에 급격히 수축되어 빅뱅 이전의 상태로 돌아갈지 알 수 없습니다.

한 걸음 더 (1) 허블망원경에 대해 알고 싶어

 지난 1990년, 미국항공우주국(NASA)은 최첨단 망원경을 우주 왕복선 디스커버리호에 실어 지구 상공 610킬로미터 궤도에 진입시켰습니다. 그 망원경은 우주 팽창을 처음 이야기한 천문학자 에드윈 허블의 이름을 따 '허블망원경'이라고 불렀지요. 제작비용 20억 달러가 들어간 허블망원경은 길이 13.1미터, 무게 12.2톤에 달합니다. 허블망원경은 30여 년이 지난 지금도 다양한 천체 관측 활동을 하고 있지요.

한 걸음 더 (2) 제임스웹망원경에 대해서도 알고 싶어

 2021년, 우주 망원경 역사에 또다시 주목할 만한 사건이 있었습니다. 미국항공우주국과 유럽우주국, 캐나다우주국이 힘을 합쳐 '제임스웹망원경'을 지구 밖 150만 킬로미터 거리에 안착시켰지요. 무려 25년 동안 100억 달러를 들여 개발한 새로운 우주 망원경은 허블망원경보다 더 멀리 있는 천체를 더욱 선명하게 관측했습니다. 허블망원경이 지구로 보내오는 우주 사진들은 놀라움을 안겨주기에 충분하지요.

나의 생각메모

ㅇ ---

ㅇ ---

ㅇ ---

ㅇ

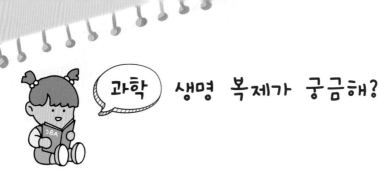

나와 똑같은 내가 있다니

미래의 생명공학기술로 주목받는 것 가운데 하나가 '생명 복제'입니다. 하나의 독립된 생명체와 동일한 유전자를 가진 새로운 개체를 만들어내는 기술이지요. 말 그대로 기존의 생명체와 똑같은 생명체를 존재하게 하는 것입니다.

1996년, 영국의 한 연구소에서 세상을 깜짝 놀라게 하는 연구 결과를 발표했습니다. 세계 최초로 포유동물의 복제에 성공한 것이지요. 복제된 동물은 양이었습니다. 연구소에서는 그 양에게 '돌리'라는 이름을 붙여주었습니다.

돌리는 수컷 양과 암컷 양이 짝짓기를 해 태어난 새끼 양이 아니었습니다. 다 자란 어느 양의 체세포, 그러니까 몸에 있는 세포에서 유전자를 채취해 탄생시킨 복제 양이었지요. 돌리는 체세포를 제공한 양과 유전적으로 똑같은 생명체였습니다.

그 연구로 남자와 여자가 사랑을 나눠야 아기가 태어난다는 자연의 섭리가 위협받게 되었습니다. 양을 복제하는 데 성공했으니, 복제 인간을 탄생시키는 것도 아무런 문제가 없어 보였기 때문입니다.

한 걸음 더 (1) 생명공학기술이 뭐야?

생명공학기술을 영어로 '바이오테크놀로지(Bio Technology)'라고 합니다. 정보기술을 '아이티(IT)'라고 하듯 '비티(BT)'라는 줄임말을 쓰기도 하지요. 생명공학기술은 생명체의 다양한 기능을 인간의 의지대로 제어하는 기술을 통틀어 일컫습니다. 인류의 건강과 식량 문제 해결 등을 위해 필수적인 기술로 평가받지요. 산업으로서도 정보기술 못지않게 높은 가치를 만들어낼 것으로 예상합니다.

한 걸음 더 (2) 생명 복제에 대한 찬성과 반대

생명 복제 연구를 지지하는 쪽은 인간 복제를 통해 난치병을 치료할 길이 열렸다며 반겼습니다. 예를 들어 어떤 사람의 간이 손상되면, 유전적으로 똑같은 복제 인간을 만들어 간을 이식할 수 있기 때문입니다. 하지만 복제된 생명도 세상에 태어나는 순간 그 존엄성을 인정받아야 한다고 주장하며 생명 복제에 반대하는 사람들도 많습니다. 지난 2005년, 국제연합(UN)은 인간 복제 금지 성명을 채택했습니다.

나의 생각메모

과학 유비쿼터스가 궁금해?

초연결 사회를 향하여

'언제 어디에나 있다!'

이 짧은 문장에 '유비쿼터스'의 의미가 담겨 있습니다. 마치 공기처럼 우리의 일상생활 어디에나 존재한다는 것이지요. 즉 컴퓨터가 모든 것을 연결해 인간의 다양한 요구를 실시간으로 만족시켜주는 정보통신 환경, 그것이 바로 유비쿼터스입니다.

여러 미디어에서 우리 사회가 이미 유비쿼터스 시대를 맞이했다고 이야기합니다. 유비쿼터스 시대에는 스마트폰을 중심으로 집과 사무실의 전자제품과 자동차 등이 모두 컴퓨터 네트워크로 연결되지요. 그러면 사람들은 때와 장소에 관계없이 필요로 하는 물품에 접속해 생활의 편의를 누릴 수 있습니다.

지난 2000년대 초반부터 본격적으로 조명받기 시작한 유비쿼터스는 '초연결'이라는 개념을 등장시켰습니다. 정보통신기술의 발달로 사람과 사물, 데이터 등이 거미줄처럼 연결된 공동체를 초연결 사회라고 하지요. 그리고 유비쿼터스는 곧 '사물인터넷(IoT)'과 '스마트홈'의 유행으로 이어졌습니다.

한 걸음 더 (1) 사물인터넷(IoT)과 스마트홈의 의미는?

 사물인터넷의 영문 표기는 '인터넷 오브 띵스(Internet of Things)'입니다. 사물들마다 센서를 부착하고 인터넷 등 다양한 방식으로 연결해 데이터를 주고받는 기술이나 환경을 가리키지요. 한마디로 세상의 모든 사물이 네트워크로 연결되는 것입니다. 그리고 스마트홈은 한정된 공간인 집에서 '나'와 '사물'을 연결한다는 개념입니다. 집 안의 모든 가전제품과 보안기기를 정보통신기술로 제어하는 것이지요.

한 걸음 더 (2) 유비쿼터스 시대에는 이런 일이 가능해

 시골에 사는 사람이 굳이 서울에 있는 병원을 방문하지 않아도 진료 받을 수 있습니다. 사무실에 도착하기 전에 미리 에어컨을 켜거나, 외출할 때 깜빡한 가스 밸브를 집 밖에서 잠글 수도 있습니다. 또한 매일 아침 컴퓨터 시스템이 나의 건강 상태를 점검해 꼭 먹어야 할 음식을 추천합니다. 날마다 창밖의 풍경을 원하는 대로 바꾸는 것이 현실이 될 수도 있습니다. 그 출발점이 다름 아닌 유비쿼터스입니다.

나의 생각메모

인간처럼, 그리고 인간보다 더

인간처럼 학습하고, 판단하고, 실행하는 능력. 인류는 이미 그와 같은 컴퓨터 프로그램 기술을 만드는 데 성공했습니다. 그 결과물이 '인공지능(AI)'이지요.

지난 수십 년 동안 인공지능은 사람의 신경망을 모방해 빅데이터를 스스로 분석하고 처리하는 형태로 발전해왔습니다. 빅데이터란, 대규모의 다양한 데이터를 말하지요. 그리고 2016년 인공지능 알파고가 최고 수준의 프로 바둑기사와 대결해 압승을 거두면서 사람들에게 그 우수성을 증명했습니다.

결국 인공지능은 컴퓨터나 로봇이 인간처럼 지능적인 행동을 하는 것을 의미합니다. 나아가 인공지능 기술이 좀 더 발전하면 인간보다 더욱 뛰어난 지적 활동을 하게 될 가능성이 높지요. 인간의 명령을 따르는 차원을 넘어, 머지않아 인간을 통제하는 초지능이 등장할지도 모릅니다.

인공지능은 앞으로 인류의 삶에 큰 변화를 가져올 것이 틀림없습니다. 그런데 인공지능의 미래는 긍정적인 전망 못지않게 '인간 소외' 같은 두려움이 공존하지요.

한 걸음 더 (1)   딥러닝하는 인공지능

'딥러닝'을 '스스로 심층 학습하는 컴퓨터'라고 설명할 수 있습니다. 초기 인공지능은 인간이 정한 규칙을 컴퓨터에 주입하는 방식으로 활용되었지요. 그 후 '머신러닝' 시대에는 축적한 데이터를 바탕으로 어떤 특성을 찾아내고, 그에 따른 결론을 찾는 기술로 발달했습니다. 그리고 이제는 딥러닝 시대가 되어, 단순히 데이터를 분석하는 데 그치지 않고 스스로 학습해 최선의 해답을 내는 단계에 이르렀지요.

한 걸음 더 (2)   인간 소외에 대해 알고 싶어

인간 소외란, 인간이 물질적, 정신적 활동으로 만들어낸 생산물이나 제도에 의해 오히려 지배당하는 것을 말합니다. 그 결과 빠르게 자동화되어가는 노동 환경에서 인간이 하나의 부품이나 상품 취급을 당하고, 인류 역사가 만들어온 복잡한 사회 구조 속에서 인간성을 잃어버리는 부작용을 떠안게 됐지요.

나의 생각메모

잠깐! 스스로 생각해봐!

■ 태양을 중심으로, 지구가 포함된 태양계의 8개 행성을 차례로 그려보아요. 아울러 그 크기를 비교하고, 각각의 특징에 대해 간단한 설명을 덧붙여보아요.

잠깐! 스스로 생각해봐!

■ 인공지능의 발달에는 많은 기대와 우려가 공존합니다. 인공지능을 기반으로 한 '챗지피티(ChatGPT)'를 중심으로 여러분의 생각을 정리해보아요.

우등생이 공부하는
32가지 생각 씨앗

[지리]

경도와 위도가 궁금해?

지금 내가 있는 위치를 정확히 알고 싶어

지구 표면의 모습을 일정한 비율로 축소해 평면에 나타낸 것을 '지도'라고 합니다. 또한 지구를 본떠 남북 축을 23.5도로 기울여 회전할 수 있게 만든 둥근 모형을 '지구본(지구의)'이라고 하지요

지도와 지구본에는 미리 약속한 여러 기호와 문자가 사용됩니다. 그중 가장 먼저 알아둬야 할 것이 '경도'와 '위도'입니다. 세계 지도나 지구본을 살펴볼 때 세로선이 경도, 가로선이 위도라고 생각하면 되지요.

경도는 본초자오선으로부터 동서로 얼마나 떨어져 있는지 나타내는 좌표를 말합니다. 본초자오선이란 영국의 그리니치천문대를 지나는 자오선(경선)을 가리키지요. 지구의 동서 방향은 기준을 잡기 어려웠는데, 19세기 후반에 이르러 경도의 기준선이 국제회의를 통해 그와 같이 결정되었습니다.

그리고 위도는 적도를 중심으로 해 남북으로 얼마나 떨어져 있는지 나타내는 좌표입니다. 북반구의 위도를 북위, 남반구의 위도를 남위로 구별하지요.

한 걸음 더 (1)　경도의 기준 자오선, 그리니치천문대

　대항해 시대만 해도 유럽 각국은 자신들 영토를 지나는 자오선을 기준으로 경도를 따졌습니다. 자오선은 지구의 양쪽 극을 지나 적도와 수직으로 만나는 가상의 큰 원을 일컫지요. 그 후 각국은 수많은 자오선 중 하나를 본초자오선으로 결정할 필요성에 공감했습니다. 그래서 1884년 미국 워싱턴에서 25개국이 국제자오선 회의를 열어 영국 그리니치천문대를 지나는 경선을 본초자오선으로 정했지요.

한 걸음 더 (2)　한반도의 경도와 위도

　지리학에서 규정하는 한반도의 좌표는 경도가 동경 124도~132도, 위도가 북위 33도~43도입니다. 그러니까 본초자오선 동쪽으로 124도~132도, 적도 위 북반구 33도~43도에 한반도가 위치한다는 뜻이지요. 경도에 따라 달라지는 것은 시간이고 위도에 따라 달라지는 것은 기후입니다. 경도 15° 차이가 있는 두 지역은 1시간의 시차가 생기며, 위도가 낮을수록 대개 온도가 높지요.

나의 생각메모

날씨와 기후가 궁금해?

언뜻 같아 보이지만 의미가 달라

우리는 일상생활에서 '날씨'와 '기후'를 명확히 구별해 사용하지 않습니다. 하지만 지리학에서는 두 용어의 의미가 다르지요.

우선 날씨는 어느 지역에서 특정한 때에 나타나는 기상 현상을 말합니다. 기온, 습도, 강수량, 바람 등이 영향을 끼칩니다. 흔히 기상 예보에서 "오늘의 날씨는 맑고 최저 기온 3도, 낮 기온은 15도까지 올라갑니다. 습도는 60퍼센트, 바람은 동풍이 초속 5미터로 붑니다."라는 식으로 날씨를 표현하지요.

그에 비해 기후는 어느 지역에서 오랜 기간 나타난 날씨의 평균 상태를 가리킵니다. 그러니까 날씨는 매일매일, 시간대에 따라 변하지만 기후는 반복되는 날씨를 모아 평균을 낸 것이므로 일정하게 규정되지요. "한국은 온대 기후입니다."라는 식으로 말이에요. 기후는 위도와 지형, 태양 활동, 환경오염 등에 따라 달라지기 때문에 긴 시간에 걸쳐 변화합니다.

기온, 습도, 강수량, 바람의 의미

'기온'은 대기의 온도를 말합니다. 태양열을 얼마나 받느냐에 따라 온도가 달라집니다. '습도'는 공기 중에 수증기가 포함된 정도를 일컫습니다. 수증기는 기체이면서 눈에 보이지 않지요. '강수량'은 비, 눈, 이슬, 안개, 우박 등 모든 물의 양을 합친 것입니다. 비의 양만 이야기할 때는 '강우량'이라고 하지요. 아울러 '바람'은 공기의 이동을 뜻하며 세기와 방향에 따라 '풍속', '풍향'이라는 용어로 나타냅니다.

세계 여러 지역에 다양한 기후가 있어

기후는 연평균 기온에 따라 크게 4가지로 구분합니다. 그중 '열대 기후'는 기온이 가장 낮은 달의 평균이 18도 이상입니다. 1년 내내 덥고 강우량이 많지요. '온대 기후'는 기온이 가장 낮은 달의 평균이 영하 3도~18도입니다. 대개 사계절의 변화가 뚜렷하지요. '냉대 기후'는 기온이 가장 낮은 달의 평균이 영하 3도 미만, 가장 높은 달의 평균이 10도 이상으로 기온 차가 큽니다. '한대 기후'는 기온이 가장 높은 달의 평균이 10도 미만으로 식물이 자라기에 적합하지 않습니다.

나의 생각메모

인간이 구분한 바다와 육지

지구 표면은 약 70퍼센트가 바다, 약 30퍼센트가 육지로 이루어져 있습니다. 사람들은 자연 그대로 펼쳐진 바다와 육지를 몇 개의 구역으로 나누어 각각 이름을 붙였지요. 그렇게 지구를 상징하는 개념어로 자리 잡은 것이 '5대양 6대륙'입니다.

5대양의 '대양'은 넓은 바다를 의미합니다. 실은 하나로 연결되어 있는 바다를 크게 다섯 구역으로 나누어 각각 '태평양, 대서양, 인도양, 북극해, 남극해'라고 부르지요. 그중 태평양의 면적이 가장 커 지구의 모든 땅을 합친 것보다 넓습니다.

바다를 5대양으로 나누듯 육지를 여섯 구역으로 구분한 것이 6대륙입니다. '대륙'은 드넓은 땅을 일컫는 말이지요. 6대륙은 각각 '아시아, 유럽, 아프리카, 북아메리카, 남아메리카, 오세아니아'라고 부릅니다. 학자들에 따라서는 남극을 포함해 7대륙이라고도 하지요. 6대륙 중 아시아 대륙의 면적이 제일 넓으며, 유럽 대륙에는 가장 많은 수의 국가가 있습니다.

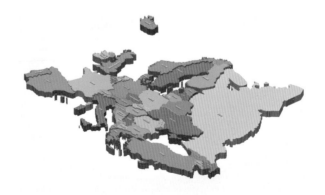

한 걸음 더 (1)   북반구와 남반구

지구에 관해 이야기할 때 '북반구'와 '남반구'라는 용어를 종종 접하게 됩니다. 그것은 5대양 6대륙과 의미가 다른 개념이지요. 적도를 기준으로 지구의 북쪽 부분을 북반구, 남쪽 부분을 남반구라고 합니다. 북반구에는 아시아, 유럽, 북아메리카, 아프리카 북부, 남아메리카 일부 지역이 포함되지요. 남반구에는 남아메리카, 오세아니아, 아프리카 남부, 남극이 위치합니다.

한 걸음 더 (2)   북극해와 남극해

'북극해'는 지구의 북쪽 극지방에 있는 바다입니다. 유럽, 아시아, 북아메리카 대륙과 접하며, 바닷물이 얼어붙은 해빙으로 덮여 있습니다. 북극 지역은 남극과 달리 대륙이 존재하지 않지요. '남극해'는 지구의 남쪽 극지방에 있는 바다입니다. 남극 대륙을 둘러싸고 있으며, 거의 1년 내내 얼음들로 뒤덮여 있지요. 여름철에는 플랑크톤이 발생해 그것을 먹이로 삼으려는 고래가 모여들기도 합니다.

나의 생각메모

풍화와 침식과 퇴적이 궁금해?

오늘의 환경을 만든 자연의 끈기

자연 환경은 지금 모습 그대로 멈춰 있지 않습니다. 아주 오랜 세월에 걸쳐 조금씩 변화해 먼 훗날에는 지금과 전혀 다른 풍경을 만들어내지요. 대륙과 대양, 산과 강, 땅 위와 땅 속에서 그와 같은 자연의 변화가 쉼 없이 일어나고 있습니다.

그중 대표적인 자연 현상으로 '풍화'를 손꼽을 수 있습니다. 풍화는 지구의 대기와 햇빛, 물을 비롯해 생명체의 접촉을 통해 바위, 광물, 나무, 토양 등이 분해되는 현상을 말합니다. 예를 들어 단단한 돌덩어리도 오랜 세월 바람과 비를 맞으면 풍화되어 형태가 크게 달라지지요.

또 다른 자연 현상에는 '침식'이 있습니다. 침식은 땅 표면의 돌과 바위, 흙 따위가 빗물, 하천, 바닷물, 지하수, 바람 등의 영향으로 깎여 나가는 것을 말합니다. 침식 작용 때문에 계곡과 폭포, 해안의 낭떠러지 등이 만들어지지요.

아울러 '퇴적'도 중요한 자연 현상입니다. 흙과 모래, 자갈, 생물의 잔해 따위가 물이나 바람 등의 힘으로 운반돼 일정한 장소에 쌓이는 것을 퇴적이라고 합니다.

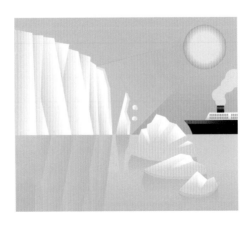

한 걸음 더 (1) 풍화와 침식이 헷갈려?

풍화와 침식은 원래의 모습이 분해된다는 점에서 비슷한 자연 현상으로 볼 만합니다. 이를테면 바위에는 풍화와 침식 작용이 모두 일어나지요. 다만 풍화와 침식에는 한 가지 큰 차이가 있습니다. 풍화는 물질이 위치한 그 자리에서 별다른 움직임 없이 발생하는 자연 현상이지요. 그와 달리 침식은 물질이 상대적으로 빠르게 깎여 나가 다른 장소로 옮겨지고 퇴적되는 특징이 있습니다.

한 걸음 더 (2) 퇴적 작용이 만드는 지형, 삼각주

하천이 바다로 흘러들어가는 어귀인 하구에는 물줄기에 휩쓸려온 모래나 흙이 쌓여 평평한 지형을 이루는 곳이 있습니다. 하구의 폭이 하천 상류에 비해 넓어서 물살이 약해 일어나는 현상이지요. 그 지형을 '삼각주'라고 하는데, 그곳은 적당한 물과 퇴적물의 영양분이 지속적으로 공급돼 비옥한 농경지로 이용됩니다.

나의 생각메모

○ ---
○ ---
○ ---
○ ---

지리 람사르협약이 궁금해?

습지 보호를 위한 전 세계의 약속

'습지'를 우리말로 '늪'이라고 합니다. 습지는 물이 흐르다가 어떤 이유로 흐름이 막혀 오랫동안 고여 있는 과정을 통해 만들어지지요. 대개 수심 5미터 이하의 물에 토양이 잠겨 있는 상태로, 시야가 투명하지 않고 수초 같은 식물이 자라납니다.

습지는 크게 '내륙 습지'와 '연안 습지'로 구별합니다. 내륙 습지는 육지의 하천 주변이나 저수지 등에, 연안 습지는 바다와 맞닿은 강 하구나 해안에 발달한 호수 주변에 형성되지요. 갯벌도 연안 습지로 볼 수 있습니다.

흔히 습지는 '자연의 콩팥'으로 묘사됩니다. 여러 동식물의 서식지이면서 지하수 수위 조절과 각종 오염원을 정화해주는 기능이 있어 그와 같은 별명을 얻게 됐지요. 그럼에도 사람들은 뒤늦게야 습지의 가치를 깨달았습니다.

다행히 습지 보호에 대한 인류의 자각은 '람사르협약'을 이끌어냈습니다. 그것은 습지의 보전과 자연 친화적 이용을 촉구하는 국제 협약이지요. 1997년 가입한 우리나라를 비롯해 현재 전 세계 160여 개국이 가입해 있습니다.

한 걸음 더 (1) 생태계를 보호하는 습지의 역할

 습지에는 플랑크톤과 유기물이 풍부합니다. 유기물은 주로 동식물의 성장과 죽음, 배설 등을 통해 만들어지는 물질이지요. 따라서 습지는 플랑크톤이나 유기물을 먹이로 삼는 수서곤충과 어류가 살기 적합하며, 나아가 그것을 잡아먹고 사는 양서류와 조류 등이 모여들게 됩니다. 그렇게 습지가 생동감 넘치는 먹이 피라미드를 완성해 건강한 생태계가 유지되지요.

한 걸음 더 (2) 우리나라의 람사르 습지

 람사르협약은 보전 가치가 높은 전 세계 습지를 지정, 등록하여 보호합니다. 그 대상을 '람사르 습지'라고 하지요. 참고로, 1971년 이란의 람사르 지방에서 람사르협약을 채택했기 때문에 그와 같이 이름 붙였습니다. 우리나라에서 습지가 발달한 지역은 낙동강과 남강 주변이며, 특히 창녕 우포늪과 각지의 갯벌이 유명하지요.

나의 생각메모

지리 리아스 해안이 궁금해?

볼거리, 먹을거리가 참 많아

우리나라 서해안과 남해안은 곶과 만이 많아 해안선이 들쑥날쑥합니다. 그것은 하천의 침식 작용으로 육지 곳곳이 가라앉거나 해수면이 상승해 일어난 현상이지요. 그와 같은 해안선을 가리켜 '리아스 해안'이라고 합니다.

곶은 바다 쪽을 향해 부리 모양으로 뻗은 육지를 말합니다. 만은 바다가 육지 속으로 깊숙이 파고들어와 있는 곳을 가리키고요. 과거 산의 능선이 곶으로, 골짜기였던 곳이 만으로 변한 것입니다. 리아스 해안에는 곶과 만뿐 아니라 옛날에 산봉우리였던 섬도 많아 매우 복잡한 해안선을 형성하지요.

리아스 해안은 뚜렷한 장단점을 갖습니다. 우선 장점으로는 수심이 얕고 해류가 잔잔해 양식업을 하기 좋지요. 우리나라 서해안과 남해안에서도 김, 미역, 전복 등의 양식이 활발히 이루어집니다. 또한 리아스 해안은 풍경이 아름다워 관광업 발달에도 유리합니다. 남해안의 한려해상국립공원을 예로 들 수 있지요. 반면에 리아스 해안은 교통이 불편해 주변 지역이 낙후되기 쉬운 단점도 있습니다.

한 걸음 더 (1) 리아스 해안보다 더 복잡한 피오르 해안

 리아스 해안을 이야기할 때 자주 비교되는 것이 '피오르 해안'입니다. 두 곳 모두 해안선이 복잡하다는 공통점이 있는데, 피오르 해안이 좀 더 웅장한 자연 경관을 보이는 경우가 많지요. 피오르라는 단어가 '내륙으로 깊게 뻗은 만'이라는 의미의 노르웨이어인 만큼, 그 지형도 북유럽과 그린란드 지역 등에서 볼 수 있습니다. 또한 피오르 해안은 하천의 침식 작용으로 만들어진 리아스 해안과 달리 빙하가 침식해 형성됐다는 것이 다른 점입니다.

한 걸음 더 (2) 한려해상국립공원과 다도해해상국립공원

 '한려해상국립공원'은 1968년 우리나라에서 최초로 지정한 해상 국립공원입니다. 거제 지심도에서 여수 오동도까지 100킬로미터가 넘는 남해안 바닷길을 아우르지요. 그곳은 해안과 섬, 육지가 빚어내는 자연 경관이 빼어나기로 유명합니다. 그리고 지난 1981년에는 또 하나의 해상 국립공원으로 '다도해해상국립공원'을 지정했습니다. 그 범위는 전라남도 해안 일대로 모두 1천596개의 섬이 있지요.

나의 생각메모

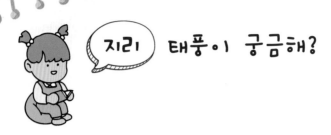

지리 태풍이 궁금해?

자연 재해에 대비하지 않으면 위험해

폭풍우를 동반한 강력한 열대 저기압을 '태풍'이라고 합니다. 태풍은 엄청난 양의 비와 함께 맹렬한 바람, 천둥, 번개, 용오름 등을 일으켜 사람들의 일상을 위협하지요. 우리나라의 경우 해마다 7~9월에 만나게 되는 자연 재해입니다.

그런데 태풍을 가리키는 말이 지역에 따라 다르다는 사실을 알고 있나요?

태풍은 북태평양 서쪽에서 발생하는 큰 규모의 열대 저기압을 일컫는 '타이푼'의 한자어입니다. 그러니까 한국과 일본, 중국 등에 몰아치는 매서운 열대 저기압을 영어로는 타이푼이라고 한다는 말이지요.

그리고 북태평양 동부 및 대서양 서쪽 카리브해, 멕시코만에서 발생하는 태풍은 영어로 '허리케인'이라고 부릅니다. 인도양 아라비아해, 벵골만에서 발생하는 태풍은 '사이클론'이라고 하고요. 그 밖에 호주 부근 남태평양에서 발생하는 태풍은 '윌리윌리'라고 하지요. 그런데 태풍의 영향에는 긍정적인 면도 있습니다. 바닷물을 순환시켜 생태계를 활성화하며, 저위도와 고위도의 온도 균형에도 도움이 되지요.

1년에도 수십 개씩 발생하는 태풍

앞서 태풍이 강력한 열대 저기압이라고 설명했습니다. 그 말에는 태풍이 따뜻한 열대 바다에서 시작된다는 의미가 담겨 있지요. 태풍은 초당 17미터 이상의 속력으로 부는 강풍과 함께 폭풍우를 쏟아 붓는 특징이 있는데, 해마다 북태평양 서쪽 열대 바다에서 25~30개의 타이푼이 발생합니다. 그중 한반도에는 2~3개 정도가 영향을 끼쳐 크고 작은 피해를 입히지요.

'태풍의 눈'은 무슨 뜻일까?

태풍은 규모가 작아도 반지름이 300킬로미터나 됩니다. 그 한가운데 반지름 15킬로미터 안팎으로 바람이 약하고 구름도 적어 언뜻 평화롭게 느껴지는 지역이 있지요. 그곳을 하늘에서 내려다보면 동그란 눈이 있는 것처럼 보여 '태풍의 눈'이라는 이름을 붙였습니다. 하지만 태풍의 눈이 지나가고 나면 곧 거대한 폭풍우가 휘몰아치게 마련이지요. 태풍의 눈은 큰 사건이 일어나기 전 잠깐의 고요일 뿐입니다.

나의 생각메모

장마전선이 궁금해?

두 기단의 치열한 세력 다툼

성질이 일정하고 거대한 공기덩어리가 수평으로 넓게 걸쳐 있는 것을 '기단'이라고 합니다. 우리나라의 경우 초여름이 되면 북태평양 기단과 오호츠크해 기단이 마주하는데, 두 세력이 한동안 힘겨루기를 하며 많은 비를 쏟아 붓지요. 그때 두 기단이 서로 밀고 밀리며 정체되어 있는 것을 '장마전선'이라고 합니다.

북태평양 기단은 고온 다습한 성질을 갖고 있습니다. 그에 비해 오호츠크해 기단의 성질은 한랭 다습하지요. 두 기단은 온도에 큰 차이를 보이면서 습기가 많다는 공통점이 있습니다. 따라서 두 기단이 충돌하면 집중 호우가 쏟아지기 일쑤지요.

우리나라는 대개 6월 말 남부 지방에서 만들어진 장마전선이 서서히 북상하며 한 달가량 장마철이 이어집니다. 북태평양 기단이 오호츠크해 기단보다 세력이 우세하면 장마전선이 북쪽으로 올라가고, 오호츠크해 기단이 더 힘이 세면 장마전선이 남쪽으로 내려오지요. 그러다가 북태평양 기단이 오호츠크해 기단을 완전히 북쪽으로 밀어내면 장마가 끝나고 한여름 날씨가 시작됩니다.

우리나라에 영향을 끼치는 기단

한반도에 계절별로 세력을 키우는 4가지 기단이 있습니다. 그중 앞서 이야기한 '북태평양 기단'은 아열대 고기압으로, 한반도의 경우 특히 6~8월에 세력을 키워 무더위를 불러오지요. '오호츠크해 기단'은 차가운 고기압으로 우리나라의 초여름과 초가을 날씨에 영향을 끼칩니다. 또한 대륙에서 발생하는 차갑고 건조한 '시베리아 기단'이 겨울에 찾아오며, 열대성 저기압인 '적도 기단'이 태풍을 일으키지요.

온몸이 끈적끈적해지는 장마철

우리나라의 장마는 보통 6월 말부터 7월 말까지 계속됩니다. 그 기간에 1년 치 강수량의 약 3분의 1이 쏟아져 수해를 입히고는 하지요. 곳곳에서 집이 침수되고 홍수와 산사태가 일어납니다. 또한 높은 습도 탓에 모기가 늘고 세균이 전파돼 사람들의 건강을 위협하지요. 고온 다습한 날씨에 불쾌지수도 올라가고요. 그러나 장마철에는 토양이 정화되고 가뭄과 산불을 걱정하지 않아도 되는 장점도 있습니다.

나의 생각메모

지리 제트기류가 궁금해?

하늘에 매우 강한 공기 흐름이 있어

인천국제공항과 로스앤젤레스국제공항 사이에는 하루에도 여러 차례 항공기가 오고 갑니다. 그런데 이상하게 우리나라에서 미국으로 갈 때보다 미국에서 우리나라로 올 때 2시간 넘게 시간이 더 걸리지요. 대체 왜 그런 것일까요?

그 이유는 '제트기류' 때문입니다. 바다에 해류가 있듯 하늘에도 공기의 여러 흐름이 있는데, 제트기류는 지상 9천~1만2천 미터 높이에 존재하지요. 좁은 영역에서 거의 수평으로 강하게 불어 풍속이 시속 65~250킬로미터나 됩니다.

제트기류는 북반구와 남반구에 모두 있습니다. 북반구는 계절에 따른 변화가 커서 겨울철에 위력이 더 강하지요. 제트기류의 바람 방향은 북반구의 경우 서쪽에서 동쪽으로 붑니다. 그런 까닭에 우리나라에서 미국으로 가는 비행시간이 그 반대보다 훨씬 덜 걸리지요. 제트기류가 뒤쪽에서 강하게 밀어주니까요. 미국에서 우리나라로 올 때는 제트기류를 마주하지 않기 위해 항로도 북쪽으로 이동합니다.

한 걸음 더 (1)   제트기류의 또 다른 역할

제트기류는 지구의 대기 순환을 돕는 역할을 합니다. 만약 대기 순환이 제대로 이뤄지지 않으면 지구 각 지역의 온도 차가 지금보다 더 커질 수 있지요. 또한 제트기류는 북극 주변을 맴돌면서 한기가 아래쪽으로 내려가는 것을 막아주는 역할도 합니다. 그 기능이 충분하지 않으면 겨울철에 한파가 발생하게 되지요. 아울러 제트기류가 약화되면 특정 지역에 여름철 폭염이 찾아오기도 합니다.

한 걸음 더 (2)   제트기류의 존재를 어떻게 알았을까?

제2차 세계 대전이 막바지로 치닫던 1944년, 일본을 공습하고 자기 나라로 돌아가던 미군 조종사가 고개를 갸웃거렸습니다. 태평양을 건너 미국에서 일본으로 올 때와 비교해 비행시간이 훨씬 덜 걸렸기 때문이지요. 그는 곧 1만 미터 상공에 시속 100킬로미터가 넘는 강풍이 부는 영역이 있다는 사실을 깨달았습니다. 그렇게 제트기류의 존재가 세상에 처음 알려졌습니다.

나의 생각메모

○

○

○

○

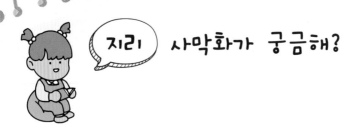

지리 사막화가 궁금해?

푸른 초원을 볼 수 없을지 몰라

아시아 대륙의 몽골은 국토 면적이 세계 18위에 해당하는 나라입니다. 대한민국의 면적이 세계 108위 정도인 것과 비교하면 차이가 크지요. 그런데 몽골의 국토는 이미 80퍼센트 가까이 '사막화'되어 있다고 합니다. 불과 30여 년 전만 해도 40퍼센트 남짓했던 것을 생각하면 놀라운 변화지요.

사막화란, 어느 지역의 땅이 강수량에 비해 증발량이 많아 초목이 거의 자랄 수 없는 상태로 변하는 것입니다. 사막화는 단지 몽골의 문제가 아니어서, 머지않아 전 세계의 3분의 1이 사막으로 변할 위험이 있다고 국제연합(UN)이 경고했지요. 특히 건조 기후 지역을 중심으로 사막화가 빠르게 진행되고 있습니다.

사막화는 지구 온난화 등이 원인인 기상 이변과 연관이 깊습니다. 지구 곳곳에 심각한 가뭄이 찾아와 날이 갈수록 뙤약볕만 내리쬐고 있지요. 아울러 인간의 무분별한 개발과 자연 훼손, 가축의 대규모 방목도 큰 영향을 끼칩니다. 그런 행위는 모두 숲과 초원을 파괴해 대지의 사막화를 앞당기지요.

한 걸음 더 (1) 몽골 사막화의 영향을 받는 한반도

 사막화가 이루어진 몽골 땅에서는 자주 황사가 발생합니다. 몽골에서 일어난 황사는 북서풍을 타고 중국을 거쳐 한반도에 도달하지요. 학자들의 연구에 따르면, 최근 몇 년 동안 국내에 영향을 준 황사의 80퍼센트는 몽골 고비사막과 내몽골 고원에서 시작됐다고 합니다. 그래서 우리나라의 여러 지방자치단체와 기업에서는 사막화를 막기 위해 몽골 땅에 나무를 심어 숲을 만드는 사업을 벌이고 있습니다.

한 걸음 더 (2) 국제연합의 사막화방지협약

 지구 사막화에 대한 인류의 관심은 지난 1977년부터 구체화되었습니다. 그 해 케냐 나이로비에서 사막화와 관련된 회의를 처음 열었고, 1996년에는 국제연합 사막화방지협약을 정식으로 발효하기에 이르렀지요. 오늘날 국제연합은 3대 환경 협약을 채택하고 있습니다. 기후변화협약, 생물다양성협약과 더불어 사막화방지협약이 포함되지요. 현재 197개국이 가입해 있습니다.

나의 생각메모

지리 사바나가 궁금해?

가도 가도 끝없는 드넓은 열대 초원

지구의 각 지역은 위도에 따라 다양한 기후가 나타납니다. 그중 적도를 중심으로는 열대 기후를 띠며, 그 주변 곳곳에 '사바나'가 형성되지요. 적도와 근접한 지역이 울창한 활엽수 밀림인 열대우림이라면, 사바나에서는 드넓게 펼쳐진 열대 초원을 볼 수 있습니다.

사바나는 항상 덥고 건기와 우기가 뚜렷이 구별되는 특징을 가졌습니다. 남아메리카와 오스트레일리아, 일부 아시아 국가에도 있지만 아프리카 대륙의 사바나 지대가 가장 넓지요. 아프리카의 사바나는 건기가 길고 우기가 짧아 대부분 열대우림 같은 숲보다는 긴 풀들로 무성히 덮여 있습니다. 수목은 키가 높지 않은 아카시아종과 바오밥 같은 관목들 위주로 자라나지요.

사바나는 초원 지대라 다양한 종류의 초식 동물이 살아가고 있습니다. 따라서 그것을 먹이로 삼는 육식동물도 많아 지구 최대의 동물의 왕국을 이루지요. 아프리카 이외 지역의 사바나에서는 사람들이 유목을 하거나 사탕수수 등을 재배합니다.

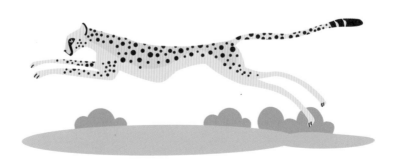

한 걸음 더 (1) 사바나의 국립공원

아프리카의 사바나는 탄자니아, 케냐, 짐바브웨 일대에 대평원으로 펼쳐져 있습니다. 그중 탄자니아의 세렝게티 초원은 국립공원으로 지정되었으며, 1981년 유네스코 세계자연유산에 등재되기도 했지요. 세렝게티국립공원의 면적은 약 1만5천 제곱킬로미터입니다. 세렝게티라는 말에는 마사이족 언어로 '끝없는 초원'이라는 뜻이 담겨 있지요. 그 밖에 케냐 쪽 사바나에도 마사이마라국립공원이 있습니다.

한 걸음 더 (2) 사바나를 일컫는 다른 이름

사바나는 '나무 없는 평야'란 뜻의 스페인어에서 나온 말입니다. 그런데 지역에 따라 사바나를 다른 이름으로 부르기도 하지요. 우선 브라질에서는 동부에 넓게 펼쳐진 사바나를 가리켜 '캄푸스'라고 합니다. 그 규모가 워낙 커 브라질 국토 면적의 5분의 1을 차지하지요. 또한 남아메리카 안데스 산맥 동쪽에 있는 드넓은 열대 초원을 일컫는 명칭은 '야노스'입니다. 그것은 '평평한 땅'이라는 의미를 갖고 있습니다.

나의 생각메모

지금 대체 밤이야 낮이야

하루는 낮과 밤으로 이루어져 있습니다. 지구의 자전으로 일어나는 그 변화를 의심하는 사람은 아무도 없습니다. 그런데 지구의 어느 곳에서는 밤인데 해가 지지 않고, 낮인데도 해가 뜨지 않지요.

그런 믿기 어려운 현상을 가리켜 '백야'와 '극야'라고 합니다.

백야는 밤인데도 해가 지지 않고 계속 떠 있어 환한 것을 말합니다. 그와 반대로 극야는 낮인데도 해가 뜨지 않아 하루 종일 캄캄하지요. 모두 극지방과 가까운 곳에서 볼 수 있는 현상으로 우리나라가 여름일 때 북극에는 백야, 남극에는 극야가 나타납니다. 우리나라가 겨울일 때는 북극에 극야, 남극에 백야가 나타나고요.

백야와 극야는 지구의 자전축이 23.5도 기울어져 있어 일어나는 현상입니다. 양극 지방은 계절에 따라 태양 쪽으로 기울거나 반대쪽으로 기울지요. 그 영향으로 태양이 지평선 아래로 내려가지 않아 낮이 계속되면 백야, 태양이 지평선 위로 올라오지 않아 밤이 계속되면 극야입니다.

한 걸음 더 (1)   백야와 극야를 볼 수 있는 곳

앞서 설명했듯, 백야와 극야는 극지방과 가까운 지역에서 나타납니다. 그러므로 우리나라에는 당연히 백야와 극야가 없지요. 그와 같이 신비한 자연 현상을 관찰할 수 있는 곳은 노르웨이, 스웨덴, 덴마크, 러시아, 아이슬란드, 몽골, 카자흐스탄, 알래스카, 그린란드, 칠레, 아르헨티나 등입니다. 극지방과 인접한 일부 지역에서는 백야와 극야가 6개월이나 이어진다고 하지요.

한 걸음 더 (2)   놀랍도록 아름다운 또 하나의 신비, 오로라

극지방, 그중에서도 특히 북극의 그린란드와 알래스카에서 주로 나타나는 놀라운 자연 현상이 있습니다. 마치 바람결에 나부끼는 거대한 커튼처럼 붉은색 · 오렌지색 · 초록색 · 푸른색 · 보라색 · 흰색 등이 환상적으로 너울대는 그 현상을 '오로라'라고 하지요. 오로라는 태양에서 나오는 전파가 극지방에 모여 있다가 대기와 충돌하며 생겨납니다.

나의 생각메모

지리 칼데라가 궁금해?

언제든 다시 화산 폭발이 일어날 수 있어

지구의 땅속 깊은 곳에는 매우 높은 온도의 지열에 암석이 녹아 만들어진 반액체 물질이 있습니다. 그것을 '마그마'라고 하지요. 마그마가 지표면을 뚫고 나와 용암 등을 쌓아 생겨난 것이 '화산'입니다.

화산 속 마그마는 그 후에도 잇달아 폭발하듯 분화해 화산재, 화산가스, 지진해일 같은 다양한 자연 현상을 일으킵니다. 그리고 강력한 화산 폭발로 마그마가 빠져나간 뒤 화구 주변이 함몰되어 '칼데라'를 만들기도 하지요.

칼데라의 형태는 거대한 원형이나 말발굽 모양입니다. 그 크기는 지름이 1킬로미터 미만부터 수십 킬로미터에 이르는 것까지 다양하지요. 한반도의 경우, 백두산 천지가 대표적인 칼데라 지형입니다.

칼데라와 함께 알아둬야 할 개념어로 '칼데라호'가 있습니다. 그것은 칼데라에 물이 고여 생긴 호수를 말하지요. 그러니까 앞서 이야기한 백두산 천지가 곧 칼데라호인 것입니다.

한 걸음 더 (1)   한라산 백록담은 칼데라호가 아니라고?

 다시 한 번 설명하면, 화산 폭발 후 화구가 무너져 내려 생긴 커다란 함몰 지형에 물이 고인 것이 칼데라호입니다. 그와 비슷해 보이지만 화산 활동에도 화구가 함몰하지 않고 그대로 막혀버린 지형에 물이 고이면 '화구호'라고 하지요. 화구호의 사례로 한라산 백록담을 들 수 있습니다. 화구호는 칼데라호에 비해 수심이 얕지요.

한 걸음 더 (2)   세계에서 가장 규모가 큰 칼데라

 일본 규슈 구마모토에는 높이 1천592미터의 아소산이 있습니다. 그 산은 분화를 멈춘 '휴화산'이 아니라 아직도 화산 활동을 하는 '활화산'인데, 칼데라의 둘레가 120킬로미터나 돼 세계 최고로 손꼽히지요. 동서로는 17킬로미터, 남북으로는 25킬로미터에 달하고요. 백두산 천지가 둘레 13킬로미터에 동서 3.5킬로미터, 남북 4.5킬로미터인 것과 비교하면 아주 큰 차이가 있습니다.

나의 생각메모

계절에 따라 달라지는 바람의 방향

우리나라의 기후는 사계절의 변화가 뚜렷합니다. 무더운 여름과 추운 겨울의 기온 차도 매우 크지요. 그와 같은 특징을 나타내는 주요 원인으로 '계절풍'을 이야기할 수 있습니다.

계절풍은 계절에 따라 일정하게 다른 방향으로 부는 바람을 말합니다. 우리나라의 경우는 여름에 태평양에서 고온 다습한 남동 계절풍이, 겨울에는 시베리아에서 차갑고 건조한 북서 계절풍이 불어오지요.

바람의 방향이 계절에 따라 달라지는 이유는 육지와 바다의 온도 차이 때문입니다. 여름에는 태양열에 바다보다 육지의 온도가 더 높아져 바다에서 육지 방향으로 바람이 불지요. 공기는 온도가 높은 쪽이 가벼워 상승하고 낮은 쪽이 무거워 하강하는데, 그 흐름이 무거운 쪽에서 가벼운 쪽으로 이루어지거든요. 겨울에는 육지의 온도가 바다보다 빨리 차가워져 바람이 육지에서 바다 방향으로 부는 것입니다.

한 걸음 더 (1)   바람은 고기압에서 저기압으로 분다

 사람들은 공기에 무게가 없다고 생각하지만 사실은 그렇지 않습니다. 공기는 상당한 무게로 지표면을 누르고 있지요. 이때 일정한 면적을 누르는 공기의 힘을 '기압'이라고 합니다. 우리가 흔히 이야기하는 바람이 바로 기압 차이에 의해 공기가 이동하는 현상이지요. 공기의 흐름은 '고기압'에서 '저기압'으로 이루어집니다. 공기가 무거워져 하강 기류를 만들면 고기압, 공기가 가벼워져 상승 기류가 생기면 저기압이 나타나지요. 그러므로 앞서 설명한 여름 바다의 경우는 바다가 고기압, 육지가 저기압입니다.

한 걸음 더 (2)   저기압일 때 비가 자주 오는 이유는?

 저기압은 가벼워진 공기의 상승 기류가 만들어냅니다. 그렇게 대기 위로 올라간 공기 중의 수증기들은 한데 엉기고 뭉쳐 구름이 되지요. 그런 까닭에 저기압일 때는 날씨가 흐리거나 비가 오는 날이 잦습니다. 그와 반대로 고기압일 때는 공기가 아래로 내려오면서 구름이 없어지므로 맑은 날씨가 되지요.

나의 생각메모

○

○ --

○ --

○ --

지리 편서풍이 궁금해?

우리나라로 황사가 오는 이유

앞서 경도와 위도에 대해 알아보면서, 한반도의 위도가 북위 33도~43도라고 설명했습니다. 그와 같이 한반도가 위치한 중위도 지역에는 '편서풍'이 불지요.

지구에서는 북위 30도의 고기압과 북위 60도의 저기압 사이에 기압 차이로 인한 대규모 바람이 발생합니다. 그런데 그 바람은 지구의 자전 때문에 수직으로 불지 못하고 서쪽에서 동쪽 방향으로 부는 편서풍이 되지요. 그런 현상은 남반구에서도 일어나 남위 30도에서 60도 사이에도 편서풍이 붑니다.

편서풍은 따뜻하고 습한 성질을 가졌습니다. 그것은 일시적으로 나타나는 현상이 아니고 1년 내내 같은 방향으로 바람이 불지요. 특히 서유럽에는 따뜻하면서도 여름에 비교적 서늘하고 일조량이 적은 해양성 기후의 원인이 됩니다.

편서풍은 한반도에도 적지 않은 영향을 끼칩니다. 적도 부근에서 발생한 태풍이 북상하다가 우리나라 쪽으로 방향을 트는 것은 편서풍과 관련이 깊지요. 몽골과 중국의 황사가 한반도로 이동하는 것도 편서풍 때문입니다.

편서풍과 정반대, 무역풍

 지구에는 편서풍과 정반대 방향으로 부는 '무역풍'이 있습니다. 무역풍은 적도부터 위도 30도 사이에서 나타나는 현상이지요. 동쪽에서 서쪽으로 바람이 불어 북반구에서는 북동풍, 남반구에서는 남동풍이 됩니다. 편서풍처럼 1년 내내 같은 방향으로 바람이 불지요. 과거 유럽인들이 이 바람을 이용해 식민지를 건설하고 무역하는 데 도움을 받아 지금의 이름이 붙었습니다.

편서풍과 무역풍 그리고 극동풍

 지구에는 위도에 따라 저마다 다른 특징을 가진 바람이 붑니다. 그중 위도 60도에서 90도 사이에는 '극동풍'이 있지요. 극동풍은 무역풍이 그렇듯 1년 내내 동쪽에서 서쪽 방향으로 부는 바람입니다. 극지방에서 발생하는 고기압으로부터 생겨나 성질이 차갑고 건조하지요. 극동풍 역시 지구의 자전에서 비롯된 현상입니다.

나의 생각메모

지리 조석 현상이 궁금해?

육지와 가까워졌다 멀어지는 바닷물

　해안의 바닷물은 약 12시간 26분을 주기로 하루에 2번씩 들고 나는 것을 반복합니다. 육지 쪽에서 보았을 때 바닷물이 밀려들어오는 것을 '밀물', 바닷물이 빠져나가는 것을 '썰물'이라고 하지요. 그와 같은 바닷물의 변화를 일컬어 '조석 현상'이라고 합니다.

　조석 현상은 지구에 대한 태양과 달의 인력 작용 때문에 일어납니다. 그중에서도 특히 지구와 가까운 달의 영향이 크지요. 거기에 더해 지구의 자전과 공전으로 생긴 원심력이 작용해 바닷물의 높낮이가 달라지는 것입니다. 사람들 눈에는 그 변화가 바닷물이 밀려들어오거나 빠져나가는 것으로 보이지요.

　우리나라의 서해안은 조석 현상이 뚜렷이 나타나는 지역입니다. 예를 들어 인천 앞바다의 바닷물 높이는 밀물과 썰물 때 대략 8.1미터 차이가 나지요. 하지만 서해안보다 수심이 깊은 동해안에는 조석 현상이 거의 일어나지 않아 밀물과 썰물 때 바닷물의 높낮이 차이가 20~30센티미터에 불과합니다.

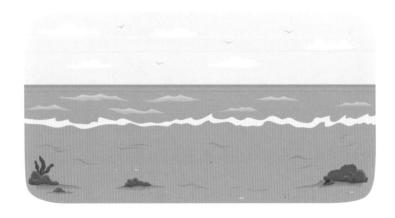

한 걸음 더 (1) 조수·만조·간조·조차

 밀물과 썰물을 함께 일컬어 '조수'라고 합니다. 밀물이 되어 바닷물의 높이가 가장 높아진 것은 '만조'라고 하지요. 그와 반대로 썰물이 되어 바닷물의 높이가 가장 낮아진 것은 '간조'라고 합니다. 만조와 간조의 높이 차이는 '조차'라고 하고요. 조차를 다른 말로 '간만의 차'라고도 하지요. 이를테면 "인천 앞바다는 조수 간만의 차가 매우 커."라는 식으로 말할 수 있습니다.

한 걸음 더 (2) 조석 현상 슬기롭게 이용하기

 밀물과 썰물의 조차가 큰 해안에서는 바닷물의 흐름을 가리키는 '조류'가 활발히 일어납니다. 그곳에는 갯벌이 발달하지요. 갯벌에는 다양한 생물이 살아가기 때문에 어민들이 각종 조개와 낙지, 망둥이, 쏙 등을 잡아 생활합니다. 또한 조차가 큰 해안에는 조력 발전소를 세우기도 합니다. 바다와 갯벌 사이에 댐을 설치한 다음 바닷물의 간만의 차를 이용해 터빈을 돌려 에너지를 얻지요.

나의 생각메모

 **스스로 생각해봐!**

■ 세계 지도를 그리고 5대양 6대륙을 구분해보아요.

잠깐! 스스로 생각해봐!

■ 우리는 아프리카 대륙에 있는 나라들의 정확한 위치를 잘 모릅니다. 아래에 아프리카 대륙을 그려보고, 사바나가 펼쳐진 탄자니아, 케냐, 짐바브웨 등을 찾아보아요.

지리 해발고도와 등고선이 궁금해?

높이를 정확히 재려면 기준이 똑같아야 해

'해발고도'는 해수면을 기준으로 잰 높이를 말합니다. 각 나라마다 표준 해수면을 정한 다음 1년 동안 달라지는 바다 높이의 평균치를 내 해발고도의 기준으로 삼지요. 그 해수면을 '평균해수면'이라고 합니다.

우리나라의 평균해수면은 인천 앞바다입니다. 그곳의 높이를 0으로 해서 국토 각 지점의 해발고도를 측정하지요. 그런데 해발고도를 정확히 이해하려면 나라마다 다른 평균해수면의 높이를 알아야 합니다. 예를 들어 북한의 경우 평균해수면으로 삼는 원산 앞바다의 높이가 인천 앞바다보다 6미터 낮지요. 따라서 북한 지역의 어느 구조물 높이가 106미터라면 우리나라의 100미터 높이와 같은 것입니다.

그리고 각 지점의 해발고도를 측정하고 나서 그 값이 똑같은 곳끼리 연결한 선을 '등고선'이라고 합니다. 지도에 등고선을 그려보면 각 지점의 높이와 아울러 지형의 기복을 알 수 있지요. 등고선은 평면 지도를 입체적으로 느끼게 합니다.

산림 지대의 등고선이 의미하는 것

 일반적인 땅의 형태와 그곳에 있는 산과 하천 등을 상세하게 나타낸 지도를 '지형도'라고 합니다. 등고선은 평면인 지형도에서 높낮이와 경사 정도, 계곡과 능선의 존재 여부를 알게 해주지요. 예를 들어 등고선 간격이 좁은 경우 경사가 급한 것을, 등고선 간격이 넓은 경우 경사가 완만한 것을 의미합니다. 그리고 등고선이 산 정상 방향으로 오목하게 들어가면 계곡이 있다는 것을 알 수 있지요.

수준원점과 수준점에 대해서도 알아둬

 평균해수면을 정하고 나면 그것을 바탕으로 육지에도 기준점을 만듭니다. 육지에 있는 지형이나 구조물의 높이를 측량하는 데 이용하는 그 기준점을 '수준원점'이라고 하지요. 우리나라의 수준원점은 인천광역시 미추홀구에 있습니다. 그리고 각 지역에 흩어져 있는 지형이나 구조물의 높이를 편리하게 측량하기 위해 수준원점을 기준으로 일정한 간격마다 '수준점'을 설치합니다.

나의 생각메모

분지와 고원이 궁금해?

사람들의 다양한 삶의 터전

주위가 산으로 둘러싸여 있고 그 안은 평평한 지역을 '분지'라고 합니다. 보통의 평야보다 해발고도가 높으며, 기온의 일교차와 연교차가 큰 특징이 있지요. 또한 산지의 계곡물이 흘러들어 하천을 형성해 작물을 재배하기 좋습니다.

분지는 주변 산과 산맥의 보호를 받는 지형이라 지난날 외적의 침임을 방어하기에 안성맞춤이었습니다. 그처럼 농사짓기 편리한데다 군사적 요충지라 일찍이 촌락이 발달했지요. 그중 일부는 오늘날 대도시가 되었습니다.

'고원'은 대개 해발고도 600미터가 넘는 곳에 펼쳐진 넓은 벌판을 말합니다. 산간지대라서 주변 지역보다 온도가 낮지요. 따라서 열대 기후의 고원은 사람들이 살기 좋지만, 온대 기후의 고원은 날씨가 서늘해 농작물 재배에 제한이 있습니다.

히말라야 산맥에 있는 티베트 고원은 평균 해발고도가 4천 미터가 넘는 것으로 유명합니다. 그런 곳은 날씨가 춥고 강수량이 적은데다 산소까지 희박해 외부인이 적응하기 쉽지 않지요. 해발고도가 너무 높아 교통도 불편합니다.

한 걸음 더 (1)   우리나라에는 분지가 많아

한반도는 넓지 않은 면적에 비해 산이 많습니다. 그러다 보니 산으로 둘러싸인 분지가 적지 않지요. 우리나라 사람들은 예로부터 분지에 마을을 형성해 살며 농사를 지어 왔습니다. 사대문 안의 서울과 대구광역시, 강원도 춘천시, 강원도 양구군, 경상북도 울릉군, 전라북도 장수군, 충청남도 계룡시 등이 모두 분지 지형입니다.

한 걸음 더 (2)   세계의 지붕, 파미르 고원

티베트 고원의 해발고도가 4천 미터가 넘는다고 설명했습니다. 그런데 그와 가까운 곳에 히말라야 산맥을 비롯해 여러 고산 지대가 어우러진 평균 해발고도 5천 미터 이상의 '파미르 고원'이 있지요. 중앙아시아 동남쪽에 위치한 파미르 고원은 타지키스탄, 아프가니스탄, 중국, 파키스탄, 인도 등에 걸쳐 있습니다. 그곳은 '세계의 지붕'이라는 별명으로 불리는데, 워낙 고지대라 거주민은 많지 않지요.

나의 생각메모

○

○   --

○   --

○   --

지리 푄 현상이 궁금해?

같은 강원도인데 온도 차가 크네

우리나라 초여름 일기예보를 보면 가끔 신기한 현상을 발견하게 됩니다. 강원도의 강릉과 속초 등을 '영동 지방'이라고 하는데, 그곳 날씨가 원주와 춘천 같은 '영서 지방'과 크게 다르기 때문입니다. 영동 지방은 제법 선선한 날씨를 보이는데, 얼마 떨어져 있지 않은 영서 지방은 영상 30도에 육박하지요.

강원도 영동 지방과 영서 지방 사이에는 태백산맥이 있습니다. 동풍이 부는 동해안 지역은 상대적으로 기온이 낮은 반면, 태백산맥을 넘은 바람을 맞는 서쪽 지방은 '푄 현상'으로 기온이 높아지지요. 푄 현상이란, 바람이 높은 산맥을 넘어가면서 뜨겁고 건조해지는 것을 말합니다.

강원도의 푄 현상은 여름과 겨울에 나타납니다. 각각 오호츠크해 기단과 북서계절 풍의 영향을 받아 여름에는 태백산맥을 넘으며 많은 비를 뿌리고 겨울에는 폭설이 내리게 하지요. '푄'은 원래 유럽의 알프스에 부는 국지풍을 가리키던 용어입니다. 지금은 의미가 확장되어 세계 각지의 비슷한 현상에 두루 쓰이지요.

한 걸음 더 (1) 어떻게 푄 현상이 생길까?

습기 많은 공기가 산맥의 경사면을 따라 올라가게 되면 대기가 팽창하면서 100 미터 상승할 때마다 기온이 0.5도씩 낮아집니다. 그러다가 차가워진 수증기가 포화되어 구름이 생기는 고도에 다다르면 '지형성 강우'가 쏟아지지요. 그리고 산맥을 넘은 공기는 습기를 잃고 압축되면서 100미터 하강할 때마다 기온이 1도씩 높아집니다. 그때 강원도 영서 지방으로 부는 고온 건조한 바람을 '높새바람'이라고 합니다.

한 걸음 더 (2) 태백산맥에 대해 알고 싶어

한반도 동쪽에 남북으로 길게 이어진 산줄기를 '태백산맥'이라고 합니다. 함경남도 원산시에서 부산광역시까지 약 600킬로미터나 되는 한반도에서 가장 긴 산맥이지요. 그 산줄기를 따라 금강산, 태백산, 오대산, 설악산, 함백산 등이 자리 잡았습니다. 평균 해발고도가 800~1천 미터에 이르며 빼어난 경치를 자랑하지요. 태백산맥의 동쪽은 대체로 급경사를 이루지만 서쪽은 경사가 완만한 특징이 있습니다.

나의 생각메모

지리 반도가 궁금해?

육지와 바다의 장점만 갖고 싶어

이 책을 읽다 보면 군데군데 '한반도'라는 표현이 나옵니다. 그것은 아시아 대륙 동북쪽 끝에 있는 한민족이 사는 반도를 가리키는 말로, 남북한을 함께 일컫는 용어로도 쓰이지요. 그럼 '반도'란 어떤 뜻일까요?

반도는 삼면이 바다로 둘러싸이고 다른 한쪽 면은 육지와 이어진 지형을 가리킵니다. 반도는 오래 전 대륙판 이동이나 해수면 상승 같은 지구의 지각 변동으로 생겨났지요. 앞서 공부한 '곶'의 모양이 반도의 축소판이라고 할 만합니다.

반도의 기후는 육지와 바다로부터 모두 영향을 받습니다. 대륙의 건조한 공기와 해양의 습도 높은 공기가 밀고 밀리며 다양한 날씨를 나타내지요. 또한 반도는 삼면이 바다이기 때문에 어업에 종사하는 주민들이 많습니다. 아울러 해산물을 위주로 하는 다채로운 음식 문화도 발달하지요.

그런데 하나의 반도가 모두 우리나라처럼 독립된 국가를 의미하지는 않습니다. 하나의 반도에 여러 국가가 존재할 수 있고, 반도 안에 내륙국도 있지요.

한 걸음 더 (1) 하나의 반도 안에 있는 여러 국가

하나의 반도 안에 여러 나라가 존재할 수 있다고 설명했습니다. 그 사례로 '인도차이나 반도'와 '스칸디나비아 반도', '이베리아 반도'를 들 만합니다. 인도차이나 반도에는 베트남, 캄보디아, 태국 등이 있습니다. 스칸디나비아 반도에는 스웨덴, 덴마크, 노르웨이가 있고요. 이베리아 반도는 스페인과 포르투갈로 구성됩니다.

한 걸음 더 (2) 섬나라와 내륙국

반도와 달리 사면이 바다로 둘러싸인 국가를 '섬나라(도국)'라고 합니다. 섬나라의 섬은 하나일 수도 있고, 여러 개일 수도 있지요. 그와 반대로 사방이 다른 국가나 대륙으로 둘러싸여 바다와 전혀 접하지 않은 나라는 '내륙국'이라고 합니다. 섬나라에는 일본, 인도네시아, 필리핀, 영국, 쿠바, 자메이카 등이 있지요. 내륙국은 네팔, 몽골, 스위스, 오스트리아, 체코, 볼리비아, 우간다 등 약 44개국입니다.

나의 생각메모

그래도 여기는 비가 좀 오네

1년에 내리는 강수량이 500밀리미터가 안 되면 건조 기후 지역이라고 합니다. 그런 곳은 비의 양보다 자연적으로 증발되는 수분의 양이 더 많지요. 참고로, 우리나라의 1년 평균 강수량은 1천300밀리미터 정도입니다.

건조 기후 지역은 연 강수량에 따라 '사막'과 '스텝'으로 구별합니다. 사막의 연 강수량은 250밀리미터가 안 되며, 스텝은 250~500밀리미터쯤 되지요. 식물의 불모지나 다름없는 사막과 달리 스텝에서는 우기에 풀이 제법 자라납니다.

스텝의 풀은 거의 키가 50센티미터를 넘지 않습니다. 우기에 집중적으로 성장해 넓은 풀밭을 이루지요. 스텝에 사는 사람들은 주로 유목 생활을 합니다. 풀밭을 찾아 가축을 데리고 여기저기 떠돌아다니는 삶을 살아가지요.

스텝은 대체로 사막 주변에 분포합니다. 위도로 따지면 중위도 지역으로 중앙아시아를 비롯해 동아시아 내륙, 아프리카 사하라 사막 근방, 북아메리카와 남아메리카의 대평원 등을 예로 들 수 있습니다.

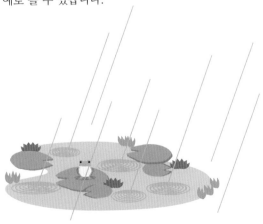

한 걸음 더 (1) 사막에는 오아시스가 있지

스텝과 함께 건조 기후를 대표하는 사막에서는 '오아시스'를 볼 수 있습니다. 오아시스는 강수량이 매우 적은 사막 지역에 꼭 필요한 수분 공급처지요. 그 주변에는 물이 부족하지 않아 곡식과 과일 등의 재배가 가능합니다. 사막에서 살아가는 사람들은 자연스럽게 오아시스 근처에 마을을 이루지요. 오아시스는 대부분 땅속 깊은 곳에 있던 지하수가 지형의 변화 탓에 밖으로 드러난 것입니다.

한 걸음 더 (2) 아르헨티나에는 팜파스가 있어

앞서 스텝의 한 예로 남아메리카의 대평원을 이야기했습니다. 중위도에 해당하는 남아메리카의 안데스 산지에는 대규모 풀밭이 펼쳐져 있지요. 아르헨티나와 브라질, 우루과이에 걸쳐 있는 80만 제곱미터에 가까운 그 초원을 '팜파스'라고 합니다. 사바나를 설명하며 알아본 브라질의 캄푸스와 달리 그곳은 온대 초원 지대지요.

나의 생각메모

○ --

○ --

○ --

○ --

어쩌면 지평선이 보일지도 몰라

높고 낮음이 거의 없이 넓고 평평한 땅을 '평야'라고 합니다. 그런 지형에 하천까지 풍부하면 사람들이 모여 살며 농사짓기 좋지요. 그러다 보면 인구가 늘어나고 교통이 발달해 도시로 변화하기도 합니다.

평야는 '구조평야'와 '퇴적평야'로 구별합니다. 구조평야는 다른 이름으로 '침식평야', 퇴적평야는 '충적평야'라고도 하지요.

구조평야는 오래 전 산지였던 곳이 별다른 지각 변동 없이 하천과 바람 등의 침식 작용을 받아 평탄해진 지형입니다. 앞 장에서 설명한 팜파스와 미국의 대평원 등이 여기에 해당하지요. 우리나라의 평야 지대도 대부분 구조평야입니다.

퇴적평야는 말 그대로 하천과 바닷물 등의 퇴적 작용으로 생겨난 평야를 말합니다. 오랜 세월 모래, 진흙, 자갈 따위가 쌓여 형성되지요. 하천 상류 부근에 산지와 평지가 접하는 곳의 '선상지', 하천 중하류에 범람이 만든 '범람원', 하천이 바다와 만나는 하구의 '삼각주'가 모두 퇴적평야입니다.

한 걸음 더 (1) 우리나라에는 어떤 평야가 있을까?

한반도는 '동고서저' 지형입니다. 그러니까 동쪽 지방은 산이 많아 높고, 서쪽 지방은 땅이 낮고 평탄하다는 뜻이지요. 따라서 평야도 하천이 흘러드는 서쪽과 남부 지방을 중심으로 발달했습니다. 그중 만경강과 동진강 하류에 있는 호남평야가 가장 넓으며, 한강 하류의 김포평야와 낙동강 하류의 김해평야 등도 비옥하지요.

한 걸음 더 (2) 퇴적평야에서 곡물이 더 잘 자라는 이유

일반적으로 침식 작용을 받아 만들어진 구조평야보다 퇴적 작용으로 생겨난 퇴적평야의 농산물 수확량이 더 많습니다. 그 이유는 퇴적평야에 하천이 운반해온 여러 유기물이 풍부하기 때문이지요. 아프리카 나일강 주변과 동남아시아 메콩강 주변처럼 세계적으로 손꼽히는 곡창 지대는 대부분 퇴적평야입니다. 나일강과 메콩강에는 삼각주가 기름지게 발달했지요.

나의 생각메모

지리 카르스트 지형이 궁금해?

물에 잘 녹는 바위가 있어

자연의 고체 알갱이들인 광물이 모여 단단히 굳은 덩어리를 암석이라고 합니다. 암석은 물과 바람의 영향으로 풍화와 침식을 겪지요. 그런데 암석의 한 종류인 '석회암'은 빗물이나 지하수에 잘 녹아 무엇보다 '용식 작용'을 크게 받습니다.

용식 작용은 일종의 침식으로, 물이 암석을 화학적으로 녹이는 것을 뜻합니다. 석회암은 주로 탄산칼슘으로 이루어져 있어 이산화탄소를 포함한 빗물이나 지하수에 잘 녹는 성질을 가졌지요. 그 때문에 석회암이 많은 곳에서는 용해와 침전으로 독특한 지형이 만들어지는데, 그것을 '카르스트 지형'이라고 합니다. 용해는 어떤 물질이 다른 물질에 녹아 골고루 섞이는 현상을, 침전은 용해되지 않은 물질이 밑바닥에 가라앉는 것을 말하지요.

그와 같은 카르스트 지형에서는 '석회 동굴'을 비롯해, 석회암이 물에 용해되어 둥그렇게 움푹 파인 '돌리네'를 볼 수 있습니다. 여러 개의 돌리네가 합쳐진 것은 '우발라'라는 다른 이름으로 불리지요.

돌리네와 우발라만 있는 게 아니야

카르스트 지형에 관련된 개념어는 꽤 다양합니다. 돌리네와 우발라 외에도 '폴리에', '라피에', '탑카르스트' 등이 있지요. 폴리에는 우발라가 계속 확장되어 드넓은 평지처럼 된 것을 말합니다. 라피에는 석회암의 침식 정도가 달라 생겨난 울퉁불퉁한 지형을 가리키고요. 라피에 대신 '카렌'이라는 명칭을 사용하기도 합니다. 그리고 주변 평지에 우뚝 솟아 있는 석회암 봉우리를 탑카르스트라고 하지요.

카르스트 지형이 발달한 곳

카르스트 지형은 석회암 지대이면서, 기온이 너무 낮지 않고 습기가 많은 지역에 잘 발달합니다. 베트남, 인도네시아, 중국 화남 지방, 튀르키예, 발칸 반도, 서인도 제도가 대표적이지요. 탑카르스트가 아름다운 베트남 하롱베이와 중국 계림은 인기 높은 관광지이기도 합니다. 우리나라도 강원도와 충청북도 등에 카르스트 지형이 발달해 신비한 석회 동굴을 볼 수 있지요.

나의 생각메모

이렇게 환상적인 자연 동굴이 있다

카르스트 지형에서 알아본 석회암 지대의 용식 작용은 지상에서만 일어나는 것이 아닙니다. 그 현상은 지하에서도 활발히 이루어져 신비로운 '석회 동굴'을 만들어내지요. 사람들에게 가장 많이 알려진 카르스트 지형이 바로 석회 동굴입니다.

그럼 석회 동굴은 어떻게 생겨날까요?

우선 이산화탄소를 포함한 물이 석회암에 스며들어 구멍과 물길을 냅니다. 그것은 세월이 흐를수록 점점 크고 넓어져 동굴의 형태로 발전하지요. 그 후에는 석회암 녹은 지하수의 탄산칼슘이 오랜 시간 침전되면서 '종유석', '석순', '석주' 등을 만들어 냅니다.

석회 동굴의 지하수는 느린 속도로 흘러 다닙니다. 그 지하수가 동굴 천장에서 물방울로 떨어지다 보면 탄산칼슘이 조금씩 맺혀 고드름 같은 종유석이 되지요. 동굴 천장에서 떨어진 지하수의 탄산칼슘이 바닥에 탑처럼 쌓인 것은 석순이라고 합니다. 또한 석주는 종유석과 석순이 더 발달해 기둥처럼 연결된 것을 가리키지요.

한 걸음 더 (1) 기나긴 시간의 예술 작품

종유석은 1년에 평균 0.13밀리미터씩 자란다고 알려져 있습니다. 그러므로 종유석 길이가 130센티미터가 되려면 무려 1만 년 남짓한 시간이 필요하지요. 우리나라 충청북도 단양군의 고수동굴, 경상북도 울진군의 성류굴, 강원도 영월군의 고씨굴 같은 석회 동굴의 아름다움은 그야말로 시간의 예술 작품이라고 할 수 있습니다.

한 걸음 더 (2) 유석, 곡석, 석화는 무슨 뜻일까?

종유석과 석순, 석주만큼은 아니지만 석회 동굴 안의 천연 구조물을 일컫는 용어들이 몇 가지 더 있습니다. 그중 '유석'은 동굴 벽과 바닥으로 흘러내린 물 때문에 형성된 지형을 말합니다. 흔히 접시 모양이 계단을 이루거나 논둑처럼 좁고 기다란 지형을 나타내지요. '곡석'은 어떤 이유인지 수직이 아니라 뒤틀려 만들어진 덜 발달된 종유석을 가리킵니다. 물이 잘 흐르지 않는 동굴 천장 등에서 볼 수 있지요. 탄산칼슘 성분이 바큇살처럼 펼쳐져 꽃 모양이 된 것은 '석화'라고 합니다.

나의 생각메모

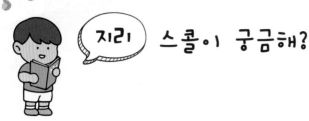

어떡해, 갑자기 폭우가 쏟아지네

우기에 열대 지방을 여행하다 보면 거의 매일 비슷한 시각에 많은 양의 비가 쏟아지고는 합니다. 그런데 갑자기 퍼붓는 빗줄기는 얼마 지나지 않아 멈추고 언제 그랬느냐는 듯 햇살이 다시 쨍하고 비치지요. 그와 같이 열대 지방에 내리는 강렬한 소나기를 '스콜'이라고 합니다.

스콜은 뜨거운 태양빛에 땅과 하천, 공기 등이 가열되면서 나타나는 대류 현상 때문에 발생합니다. 이미 과학 관련 개념어에서 공부했듯, 대류 현상은 기체나 액체에서 일어나는 열의 전달 과정이지요. 기체나 액체가 가열되면 더운 기운은 위로 올라가고 차가운 기운은 아래로 내려오는 변화가 일어납니다. 그 과정에서 대체로 늦은 오후에 소나기가 쏟아지는 것이지요.

스콜은 비와 함께 요란한 벼락과 천둥을 동반할 때가 많습니다. 그래서 현지인들의 일상생활을 번거롭게 하지만, 다른 면에서는 강한 햇볕에 달궈진 대지를 잠시나마 식혀주는 긍정적인 효과도 있지요.

돌풍이 부는 것도 스콜이라고?

 스콜이라고 해서 항상 비를 동반하지는 않습니다. 비 없는 스콜을 가리켜 따로 '화이트 스콜'이라고 하지요. 그리고 스콜은 돌풍 같은 거센 바람이 일정 시간 동안 지속된 후 갑자기 멈추는 현상을 의미하기도 합니다. 구체적으로, 풍속이 초속 8미터 이상 증가한 바람이 초속 11미터 이상으로 1분 남짓 부는 것을 스콜이라고 하지요.

스콜은 대류성 강우라고 해

 비는 많은 양의 습한 공기가 상승해서 응결되는 과정을 통해 만들어집니다. 응결이란, 기체인 수증기가 팽창하고 냉각되어 액체인 물이 되는 현상을 말하지요. 비는 공기의 상승을 일으키는 조건에 따라 '대류성 강수', '지형성 강수', '전선성 강수' 등으로 나눕니다. 스콜은 대류 현상으로 발생하는 대류성 강수지요. 그 밖에 지형성 강수는 말 그대로 산맥이나 강 같은 지형의 영향이 큰 것이며, 전선성 강수는 우리나라의 장마처럼 서로 성질이 다른 기단들이 만났을 때 나타납니다.

나의 생각메모

나무가 자라는지 못 자라는지 살펴봐

북극해를 중심으로 한 북반구 고위도에 '툰드라' 지역이 분포합니다. 그곳은 알래스카 북부와 캐나다 북부, 그린란드, 유라시아 대륙 북부 등이지요.

툰드라는 한대 기후에 속하는데, 그중에서도 가장 따뜻한 달의 평균 기온이 10도 미만인 곳입니다. 그 기온은 수목이 자랄 수 없는 한계선으로, 툰드라라는 말에 '나무가 없는 땅'이라는 뜻이 담겨 있지요. 수목이 거의 보이지 않는 그 땅에는 대신 이끼 같은 지의류가 자라납니다. 툰드라의 땅속은 여름에도 얼어붙어 있지만, 그곳에도 생명력 질긴 식물들과 그것을 먹이로 삼는 동물들이 살지요.

그와 같은 특징을 가진 툰드라 지역 남쪽에는 자작나무 등이 빼곡한 침엽수림이 있습니다. 그 지역을 '타이가'라고 하는데, 러시아 북부의 우랄산맥과 시베리아를 비롯해 캐나다와 미국 북서부 지역이 여기에 해당하지요.

타이가는 냉대 기후입니다. 냉대 기후는 한대 기후와 달리 평균 기온 10도 이상인 달이 적어도 한 달 이상 존재하지요. 그래서 일부 작물의 재배가 가능합니다.

한 걸음 더 (1) 좀 더 눈여겨볼 툰드라

여름이라고 하기도 민망한 툰드라의 여름은 2달 안팎으로 짧습니다. 그에 비해 겨울에는 영하 45도 이하의 혹독한 추위가 길게 이어지지요. 그처럼 식물의 생장과 농사에 불리한 기후 탓에 그곳에는 인간의 발길이 잘 닿지 않았습니다. 툰드라에 힘겹게 정착한 사람들은 순록을 유목하거나 수렵 생활로 생계를 유지해왔지요. 그런데 요즘은 자원 개발과 군사 시설 설치 등으로 툰드라가 주목받고 있습니다.

한 걸음 더 (2) 천연자원이 풍부한 타이가

툰드라만큼은 아니지만 타이가 지역 역시 매우 춥습니다. 여름보다 훨씬 긴 겨울철 평균 기온이 대략 영하 30~영하 40도 정도니까요. 그럼에도 석탄과 원유 같은 자원이 풍부해 사람들의 접근이 끊이지 않았지요. 아울러 자작나무, 사시나무, 전나무, 가문비나무 같은 침엽수림 덕분에 세계 최대의 임업 지대를 형성합니다.

나의 생각메모

거대한 땅덩어리들의 움직임

 지구의 내부는 중심에 핵이 있고, 그 바깥에 맨틀이 자리합니다. 그리고 맨틀 바깥쪽이 지구의 생명체들이 살아가는 지각이지요. 맨틀 상층부에서 지각까지 총 100킬로미터에 이르는 '암석권'은 단단한 고체 형태입니다. 지구의 암석권은 10여 개의 조각으로 나뉘어 있는데, 각각의 조각을 '판'이라고 하지요.

 맨틀의 온도는 지각과 접한 상층부가 1천 도, 핵과 가까운 하층부가 5천 도 정도 됩니다. 그 차이로 액체 상태인 맨틀 깊은 곳에서 대류 현상이 나타나 엄청난 운동 에너지가 발생하지요. 그 영향은 맨틀 상층부와 지각, 그러니까 각각의 판을 움직여 지진과 화산 활동 같은 지각 변동을 일으킵니다. 판과 판이 충돌하거나 하나의 판이 갈라지면서 지각의 모양이 바뀌고 천재지변이 일어나지요.

 앞서 이 책에서 오늘날의 세계는 6대륙으로 구성되어 있다고 설명했습니다. 그와 같은 지구의 지형이 오랜 세월 판의 이동을 통해 만들어졌다는 학설이 '판 구조론'이지요. 지금도 판과 판의 경계를 중심으로 지각 변동이 활발합니다.

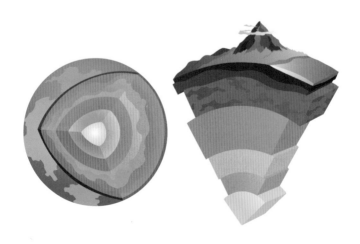

한 걸음 더 (1) 판 구조론보다 먼저 나왔던 대륙 이동설

 1912년, 독일 기상학자 알프레드 베게너는 약 3억 년 전만 해도 지구의 대륙이 한 덩어리였다고 주장했습니다. 남아메리카의 동해와 아프리카 서해의 해안선 모양이 퍼즐처럼 맞물리는 것 등을 증거로 제시했지요. 그는 지난날 하나로 뭉쳐 있던 대륙을 '초대륙(판게아)'이라고 불렀습니다. 하지만 베게너는 '대륙 이동설'을 이야기하면서도 초대륙이 어떻게 분리되었는지 원인을 밝히지는 못했지요.

한 걸음 더 (2) 해양판과 대륙판

 지구 표면을 구성하는 10여 개의 암석권 중 해양 지각을 포함하는 것을 '해양판'이라고 합니다. 그리고 육지에 분포하는 것은 '대륙판'이라고 하지요. 해양판은 대륙판에 비해 두께가 얇고 밀도가 높습니다. 그 예로 태평양판, 필리핀판, 코코스판 등이 있지요. 또한 대륙판은 해양판보다 두께가 두껍고 밀도가 낮습니다. 북아메리카판, 유라시아판, 아프리카판 등을 예로 들 수 있습니다.

나의 생각메모

지리 메스티소가 궁금해?

식민지 역사가 낳은 인디오와 백인의 혼혈

유럽 각국은 16세기부터 남아메리카 대륙에 잇달아 식민지를 만들었습니다. 자연히 그곳 원주민에게 서양 문물이 전해졌고, 혼혈인도 태어났지요. 그중 남아메리카 원주민인 인디오와 에스파냐, 포르투갈 출신 백인의 혼혈 인종을 '메스티소'라고 합니다. 그 말에는 '혼합'이라는 뜻이 담겨 있지요.

오늘날 메스티소의 비율이 높은 남아메리카 국가는 멕시코, 베네수엘라, 콜롬비아, 페루, 에콰도르, 칠레 등입니다. 대개 총 인구의 3분의 2에서, 많게는 90퍼센트에 이르기도 하지요. 남아메리카는 300년 남짓 유럽의 식민 지배를 받으면서 종교와 언어뿐만 아니라 인종적 특징에도 큰 변화를 겪었습니다.

그런데 남아메리카 각 나라에서 메스티소가 차지하는 비율에 대해 의문을 제기하는 학자들도 있습니다. 그들은 많은 원주민이 차별을 피하기 위해 스스로 백인의 피가 섞인 메스티소라고 말한다는 것이지요. 따라서 실제로는 메스티소의 비율이 알려진 통계보다 훨씬 적을 것이라는 주장입니다.

한 걸음 더 (1) 인디언과 인디오가 달라?

 아메리카 대륙의 원주민을 통틀어 '아메리카인디언'이라고 합니다. 그리고 북아메리카와 중앙아메리카, 남아메리카의 원주민을 따로 구별할 때는 각각 '인디언'과 '인디오'라고 표현하지요. 인디언과 인디오는 모두 인도 사람을 뜻하는 말입니다. 유럽인들은 아메리카 대륙을 처음 발견하고 나서 그곳이 인도라고 생각해 원주민을 영어로 인디언, 에스파냐어로는 인디오라고 불렀지요.

한 걸음 더 (2) 중앙아메리카에는 물라토가 있어

 유럽은 식민지 시대에 노동력을 얻기 위해 아프리카 흑인 노예들을 아메리카 대륙으로 데려갔습니다. 그 후 흑인 노예들과 백인들 사이에도 혼혈인이 태어났는데, 그들을 일컬어 '물라토'라고 합니다. 오늘날 물라토는 특히 자메이카와 도미니카공화국 같은 카리브해 국가를 비롯해 브라질에 많이 분포하지요. 물라토 역시 메스티소처럼 유럽의 식민지 역사가 만들어낸 혼혈 인종입니다.

나의 생각메모

몽골로이드가 궁금해?

인종은 달라도 우리는 호모사피엔스

지금의 인류는 모두 '호모사피엔스'라는 하나의 생물학적 종에 속해 있습니다. 그리고 피부색 등 유전 형질에 따라 '몽골로이드(황인종)', '니그로이드(흑인종)', '코카소이드(백인종)'로 구분할 수 있지요.

몽골로이드는 한국인, 일본인, 중국인, 몽골인, 말레이인도네시아인, 에스키모, 아메리카 원주민 등을 가리킵니다. 이들은 황색 내지 밝은 갈색 피부에 검은색 머리카락과 광대뼈가 발달한 넓은 얼굴을 가졌지요.

니그로이드는 아프리카와 오세아니아 일부 지역에 사는 짙은 갈색 내지 흑갈색 피부의 사람들을 일컫습니다. 곱슬머리, 낮은 코, 두툼한 입술 등이 특징이지요. 이들의 피부는 멜라닌 세포가 발달해 열대의 강한 자외선을 방어합니다.

코카소이드는 유럽을 중심으로 북아메리카, 오세아니아, 서아시아 등에 분포합니다. 희고 불그스름한 피부에 흑갈색, 노란색, 적갈색 등 머리카락 색깔이 다양하지요. 키가 큰 편이며 높고 좁은 코, 푸른빛 눈동자를 가졌습니다.

한 걸음 더 (1) | 칼튼 쿤 박사의 5가지 인종

　1962년, 미국 인류학자 칼튼 쿤은 인류를 5가지 인종으로 구분했습니다. 그의 연구는 지금까지도 널리 인용되는데, 피부색보다 유전적 차이에 좀 더 주목했지요. 칼튼 쿤이 분류한 5가지 인종은 '몽골로이드', '코카소이드', '케포이드', '콩고이드', '오스트랄로이드'입니다. 그는 기존의 흑인을 3가지 인종으로 세분화했습니다.

한 걸음 더 (2) | 피부색에 따른 인종 구분의 한계

　모두 호모사피엔스인 지금의 인류는 유전적 구성이 99.9퍼센트 일치합니다. 따라서 몽골로이드, 니그로이드, 코카소이드 같은 분류는 생물학적 구분이 아니라 정치적·사회적 구분이라는 주장이 있지요. 단순한 겉모습의 차이를 인종 차별 등에 이용한다는 말입니다. 또한 피부색만으로 같은 인종이라고 볼 수 없는 경우도 있는데, 아프리카의 마사이족과 피그미족은 공통점보다 차이점이 더 많습니다.

나의 생각메모

집도 환경에 따라 다르게 지어야 해

세계 각지에는 기후 조건에 맞춰 개성 있는 주거 문화가 발달했습니다. 산악 지대인지 강변이지, 더운 날씨인지 추운 날씨인지, 초원인지 삼림인지에 따라 저마다 다른 장점을 가진 다양한 모습의 집을 지어 생활해왔지요.

그중 눈에 띄는 주거 형태가 '게르'와 '이글루'입니다.

게르는 드넓은 초원에서 살아가는 몽골인들의 이동식 전통 천막집입니다. 나무로 뼈대를 세운 다음 그 위에 펠트를 덮어 만들지요. 펠트란, 짐승의 털가죽에 열이나 압력을 가해 제작한 천을 말합니다. 대개 원형으로 짓는 게르의 크기는 높이 2.5미터 안팎에 지름 4~5미터 정도지요. 몽골인들은 만들기 쉽고 헐기도 쉬워 이동에 편리한 그 집에서 지내며 유목 생활을 합니다.

이글루는 눈과 얼음으로 만든 에스키모의 집을 말합니다. 보통 지름 5미터 정도 되는 이글루의 천장은 둥근 형태이며, 게르에 비해 높이가 낮아 열손실을 최소화하지요. 또한 남쪽에 출입구를 내고, 바닥에는 짐승의 가죽을 깔아 보온합니다.

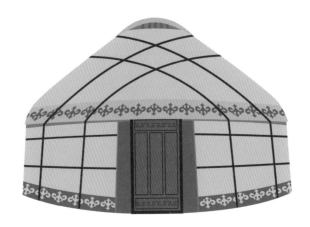

한 걸음 더 (1) 열대 기후에는 수상 가옥이 있어

주거 생활을 위해 물 위에 지은 집을 '수상 가옥'이라고 합니다. 베트남, 필리핀, 태국, 미얀마 같은 열대 기후 지역에서 볼 수 있는데, 활엽수의 넓은 잎과 대나무 등을 이용해 만드는 개방형 주택이지요. 수상 가옥은 더위를 식히고 육지의 사나운 짐승을 피하기 좋은 장점이 있습니다. 그곳에 사는 사람들은 주로 물고기를 잡아 생활하는 경우가 많습니다.

한 걸음 더 (2) 에스키모 말고 이누이트라고도 해

알래스카와 그린란드 등 북아메리카의 북극해 연안에 사는 사람들을 '에스키모'라고 합니다. 그 명칭에는 '날고기를 먹는 사람'이라는 뜻이 담겨 있습니다. 그래서 그들은 에스키모 대신 인간을 의미하는 '이누이트'라고 자신들을 소개하지요. 지금은 모두 5~6만 명 정도의 이누이트가 남아 있을 뿐입니다. 참고로, 유라시아 대륙의 북극해 연안에 사는 사람들은 '라프족'과 '사모예드족'입니다.

나의 생각메모

지리 지리 정보 체계가 궁금해?

실생활에 도움이 되는 지리 정보

지리에 관한 정보는 매우 다양합니다. 우리가 살아가는 지역의 지형과 기후 같은 자연 환경뿐만 아니라 농작물 생산이나 산업 구조의 특징 같은 것도 모두 지리와 밀접한 관련이 있지요. 따라서 오늘날에는 지리에 관한 정보를 체계적으로 수집해 분석하는 일의 중요성이 점점 더 커지고 있습니다.

각종 지리 정보들을 모아 컴퓨터를 통해 분석하고 가공하여 실생활에 활용할 수 있도록 만든 시스템을 '지리 정보 체계(GIS)'라고 합니다. 세상에 존재하는 수많은 지리 정보들을 폭넓게 수집해 그 대상이 '어디에 있는지', '어떤 특성을 갖는지', '다른 지리 정보와 어떤 연관성이 있는지' 등을 탐구하는 것이지요.

그동안 세계 각국은 지리 정보 체계를 확립하기 위해 많은 노력을 기울여 왔습니다. 왜냐 하면 그것을 통해 도시 계획을 수립하거나 환경 관리를 할 수 있기 때문이지요. 아울러 재해와 교통 문제 등에 관한 의사 결정에도 큰 도움이 되고요. 현대 사회에서 지리 정보 체계는 공동체 운영에 꼭 필요한 필수 요소입니다.

지아이에스(GIS)와 지피에스(GPS)의 결합

지리 정보 체계를 의미하는 '지아이에스(GIS)'는 지오그래픽 인포메이션 시스템 (Geographic Information System)의 약칭입니다. '지피에스(GPS)'는 '위성 위치 확인 시스템', 즉 인공위성을 이용해 교통수단이나 자신의 위치를 알 수 있도록 만든 글로벌 포지셔닝 시스템(Global Positioning System)의 약칭이지요. 그리고 지아이에스와 지피에스의 결합으로 탄생한 것이 다름 아닌 '내비게이션' 입니다. 일상생활에서 지리 정보 체계가 잘 활용된 대표적인 사례지요.

지리 정보의 중요성을 아는 대한민국 정부

우리나라 정부는 일찍이 1958년에 국방부 지리연구소를 설립했습니다. 지금은 그 조직을 국토교통부 소속 '국토지리정보원'으로 개편했지요. 그곳에서는 다양한 지리 정보를 수집, 분석, 생산, 보급해 국가 운영에 이바지하고 있습니다. 그 업무의 구체적인 사례는 토지 측량, 항공사진 촬영 및 제작, 지도 제작, 국토 지리 및 지명 조사, 국가 지리 정보 시스템 운용 등입니다.

나의 생각메모

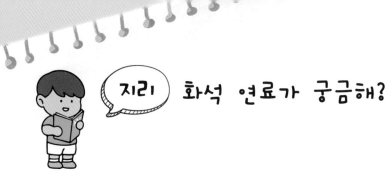

화석 연료가 궁금해?

오랜 세월이 만들어낸 에너지 자원

육지나 바다의 지하에 묻혀 있는 천연 자원을 '화석 연료'라고 합니다. 이를테면 석탄, 석유, 천연가스 같은 것을 말하지요. 현재 인간이 사용하는 대부분의 에너지가 화석 연료입니다.

그런데 화석 연료는 죽은 동물과 낙엽 등이 땅속 깊이 묻힌 다음 수천 년, 수만 년 동안 잘 썩어야 만들어집니다. 그것을 사람들이 자꾸 꺼내 쓰다보면 머지않아 바닥을 드러내게 마련이지요. 매일같이 소비되는 양이 새로 만들어지는 화석 연료 양보다 훨씬 많으니까요.

무엇보다 화석 연료는 환경에 나쁜 영향을 끼치는 단점이 있습니다. 석유로 움직이는 자동차는 공기를 오염시키지요. 석유나 석탄으로 기계를 가동하는 공장에서도 시커먼 매연을 뿜어내기 일쑤고요. 그처럼 화석 연료를 태우는 과정에 발생하는 이산화탄소 등이 지구 온난화를 불러오는 '온실가스'의 주범입니다. 그러므로 화석 연료 사용을 줄여야 지구의 급격한 기후 변화를 늦출 수 있지요.

한 걸음 더 (1) 온실가스를 줄여야 해

기후 위기를 불러온 지구 온난화의 가장 큰 원인은 온실가스 증가입니다. 기후학자들은 온실가스를 줄이지 않을 경우 2100년 무렵 지구 온도가 최대 4도까지 높아질 것이라고 경고하지요. 이미 세계 곳곳은 기상 이변과 극지방의 빙하가 녹는 환경 변화 등으로 몸살을 앓고 있습니다. 그래서 사람들은 화석 연료를 대체할 에너지 자원을 연구해 원자력과 태양열, 풍력 등을 적극적으로 이용하고 있지요.

한 걸음 더 (2) 투발루가 불쌍하지 않아?

남태평양의 '투발루'는 인구 1만1천여 명 남짓한 작은 섬나라입니다. 그곳 사람들이 배출하는 온실가스는 거의 없다시피 하지요. 공장은 물론 자동차도 별로 없으니까요. 그런데 지구 온난화로 해수면이 상승해 투발루가 바다에 잠길 위험에 빠졌습니다. 단지 투발루뿐만 아니라 남태평양의 22개 섬나라에 사는 약 700만 명의 사람들이 다른 곳에서 내뿜는 온실가스 탓에 삶의 터전을 잃을 위기에 처해 있지요.

나의 생각메모

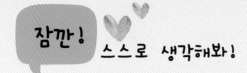

■ 한반도의 등줄기를 이루는 주요 산들을 연결해 '백두대간'이라고 합니다. 아래에 한반도를 그린 다음 백두산, 금강산, 설악산, 오대산, 속리산, 지리산 등의 위치를 알아보아요.

■ 남아메리카 대륙에 있는 주요 국가들의 이름을 적어보아요. 각 나라의 면적과 인구를 대한민국과 비교해보고, 어떤 언어를 사용하는지도 알아보아요.

개념어로 말해봐
과학·지리

초판 발행	2024년 12월 07일
초판 인쇄	2024년 12월 12일
지은이	콘텐츠랩
펴낸이	김태헌
펴낸곳	핑크물고기
주소	경기도 고양시 일산서구 대산로 53
출판등록	2021년 3월 11일 제2021-000062호
전화	031-911-3416
팩스	031-911-3417